岡山文庫

324

技師を志した江川三郎八の建築

― 岡山の特色ある洋風建築 ―

上田恭嗣 著

日本文教出版株式会社

岡山文庫・刊行のことば

岡山県は古く大和や北九州とともに、吉備の国として二千年の歴史をもち、遠くはるかな歴史の曙から、私たちの祖先の奮励とそして私たちの努力とによって、現在の強力な産業県へと飛躍的な発展を遂げております。

小社は創立十五周年にあたる昭和三十八年、このような歴史と発展をもつ古くして新しい岡山県のすべてを、〝岡山文庫〟（会員頒布）として逐次刊行する企画を樹て、翌三十九年から刊行を開始いたしました。

以来、県内各方面の学究、実践活動家の協力を得て、岡山県の自然と文化のあらゆる分野の、様々な主題と取り組んで刊行を進めております。

郷土生活の裡に営々と築かれた文化は、近年、急速な近代化の波をうけて変貌を余儀なくされていますが、このような時代であればこそ、私たちは郷土認識の確かな視座が必要なのだと思います。

岡山文庫は、各巻ではテーマ別、全巻を通すと、壮大な岡山県のすべてにわたる百科事典の構想をもち、その約50％を写真と図版にあてるよう留意し、岡山県の全体像を立体的にとらえる、ユニークな郷土事典をめざしています。

岡山県人のみならず、地方文化に興味をお寄せの方々の良き伴侶とならんことを請い願う次第です。

はじめに

江川三郎八の建築との出会いから、まず述べさせていただこう。私は、昭和52年に京都から岡山市にやってきた。昭和54年の春であったと記憶しているが、岡山市教育委員会文化財課の根木修氏から珍しい建築が岡山市内にあり解体されようとしているので、建築的な価値を見てほしいとの申し出があった。

同僚の皆木國義氏とでその建物を見に行くと、なんと遊戯室が八角形をしている建築で、これまでに見たことのない幼稚園舎の形態だった。その建物の当初の名前は、旭東尋常小学校附属幼稚園園舎と言われるもので木造の平屋建ての建物だった。当時の地方における文化財担当の人達は、土の下の文化財には大きな関心を持っていたが、土の上では寺社建築以外の建物には、あまり関心を持つ職員が少ない時代だった。二人とも素晴らしい建物であり、保存することの意義がある建物だとの回答をした。私たちだけの判断ではないのだが、この敷地には校舎の増築計画があり建築計画上の問題から解体せざるを得ないことになり、この建築部材で使えそうなものすべてを市の別の施設倉庫に移し保管することになった。そして、適地が見つかれば再建・再生することに決まった。これは、根木さんの努力によってなされたものと思う。その後、昭和58年（1983）に岡山市立中央図書館が岡山市北区二日市町に建てられ、平成11年（1999）その隣の敷地にこの園舎が蘇った。そして、なんと平成19年（2007）には国の重要文化財として指定され、現在も子供たちが親子連れで溜まり学び遊べる施設として蘇っている。近代建築の保存・活用の分野に携わっている一人として、とても嬉しい出来事だった。

実は、江川三郎八との出会いはこれだけではなかった。当然、建築を学んだ者だったので、この建物を設計した人物がだれなのか、関心を持って調べた。江川三郎八という岡山県の技術職員であることは、すぐに判った。大きな展開は、奈良文化財研究所が高梁市から調査委託を受け、平成17年（2005）3月に作成された「高梁市吹屋小学校校舎調査報告書」を高梁市から受け取った時のことである。その中に研究員であった清水重敦氏（現在は京都工芸繊維大学大学院教授）らが江川三郎八のことについて詳しく書かれていることを見つけた。その報告書の参考文献として江川による「生ひ立ち之記」なるものがあり、早速、岡山県立図書館にてその資料を見つけ出し、これまで判らなかった江川三郎八の人物像がつかめた。この内容について、第一章にて考察を加え述べている。

さらに驚かされたのは、江川三郎八が、私が当時住んでいた同じ町内に住んでおられたことだった。判った時の驚きは、想像できると思う。まさか、偶然とはいえ驚かされた。私の大学時代の学友に江川という人物もいて、町内会の名簿に江川さんの名前があることは気づいていたが、まさかのことだった。その家は、岡山大学教育学部付属小学校の裏山にあり、江川の建築であるかつての岡山県師範学校の背景となる山裾にあった。現在は、空き地となり建物はなくなっているが、不思議な出会いであり、江川三郎八の建築にさらに関心を持ったわけである。

私は、平成17年3月に岡山県教育委員会で発刊した「岡山県の近代化遺産―岡山県近代化遺産総合調査報告書―」の総論編に、日本の初期近代建築といえる擬洋風建築を岡山で広めた人物として江川三郎八のことを紹介している。

謝辞

これまで経験したことのなかったコロナ禍の中で、永年思い続けてきた江川三郎八に関する事柄を、書籍としてまとめ上げることが出来たこと大変嬉しく思っている。偶然ではあるが、私の古希の年に江川三郎八の古希での自伝『生ひ立ち之記』をもとに書かせて頂いたことも、不思議な巡り合わせであった。

資料の収集・情報にあたっては、多くの方々にご協力とご理解を頂きお世話になった。特に江川三郎八研究会代表難波好幸氏、並びに事務局森俊弘氏、造形作家山本よしふみ氏には、研究資料等の提示、助言等で大変なご協力を頂いた。厚く感謝申し上げたい。また情報提供では、研究会の山崎真由美氏、建築士の金光秀泰氏にも大変お世話になり、御礼申し上げる。

また、今回の出版に際し企画依頼を頂いた石井編集事務所書肆亥工房石井省三氏に厚く感謝申し上げる。

この書が、岡山における特色ある近代建築の魅力を知って頂くきっかけとなり、歴史ある建物の保存活用を広げる一助となれば望外の喜びである。

目　次

技師を志した江川三郎八の建築―岡山の特色ある洋風建築―

第一章　江川三郎八の生涯

江川三郎八
（江川啓久 氏蔵）

その１

江川三郎八の思い

江川三郎八（１８６０―１９３９）の生涯を述べる前に、どんな人生の目的を持った人物であったのか、江川三郎八の思いを述べてみたい。江川三郎八は岡山県の技術職員として出世し工師という職階を与えられている。県の建築技術職における工師とは土木職の職階だが、県内の工匠である大工の長をも意味する。すなわち、岡山県内で最も優れた大工に値する職階といえる。

江川三郎八は、生まれた福島の会津にて少年期から大工見習として親方につき、腕を磨き、福島県職の技術職としての道を得た。その後、岡山県の技術職員として転任し、明治37年（１９０４）3月43歳の時に工師（給与年俸制）の職階を受ける。しかし、江川自身は技術職として工師では満足せず、県の高等官としての技師になりたいとの思いを強く持ち続けた。それは、朝敵と見なされた会津藩士としての家の復古と、時代における苦境の中から立ち上がった立身を故郷に明らかにしたいとの強い志であったと言える。

明治・大正・昭和の戦前期における国に奉職する技師とは、内閣総理大臣の任命による高等官を意味するものであった。大原美術館等を設計した東京帝国大学工科大学卒（現在ならば大学院修了課程相当）の薬師寺主計（やくしじかずえ）（総社出身1884―1965）が、明治43年（1910）、陸軍省に入省した時の技師採用の任官辞令は高等官七等で、陸軍大臣寺内正毅の伺いによって内閣総理大臣桂太郎から任命されている。当時の国における技師とは、これほどまでの気高い職階であった。また、当時の技師の待遇は、月俸制ではなく年俸制がとられていた。それだけ身分が安定していたといえる。

国の高等官とは戦前の官吏等級であり、二等官以上は天皇から任じられる勅任官、三等から八等までは奏任官といった区分があった。薬師寺は、大正13年（1924）、高等官二等に任じられ、大正天皇による勅任技師となっ

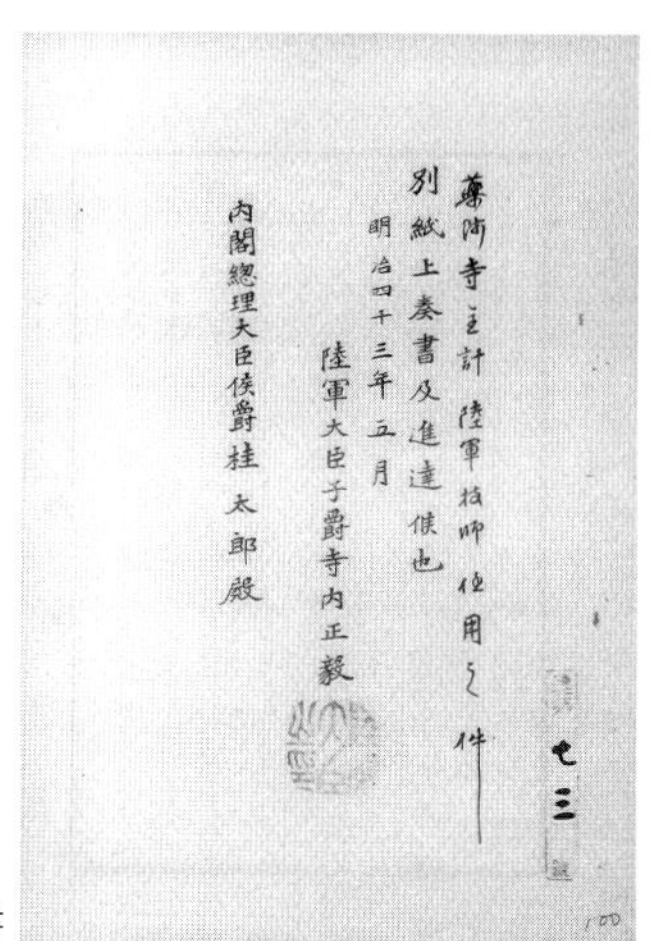
七三
藥師寺主計陸軍技師任用之件
別紙上奏書及進達候也
明治四十三年五月
陸軍大臣子爵寺内正毅
内閣総理大臣侯爵桂太郎殿

技師任官伺い書

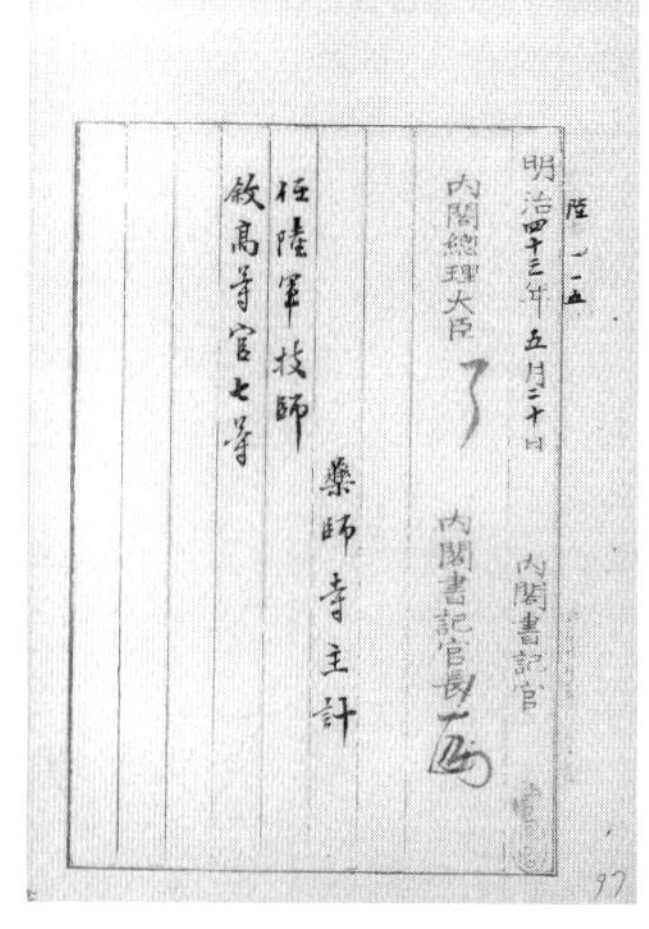
陸 一一五
明治四十三年五月二十日
内閣総理大臣
内閣書記官長
内閣書記官
任陸軍技師　藥師寺主計
叙高等官七等

技師任官決裁書（国立公文書館蔵）

ている。

ちなみに薬師寺の部下であった岡山の成羽出身で東京高等工業学校（現・東京工業大学）出身の柳井平八は、技手（判任官・月俸制）として同じ明治43年（1910）に入省したが、5年後の大正4年（1915）に技師（高等官八等・年俸制）として任命を受けている。当時の高等工業学校卒（現在ならば大学卒相当）でも、すぐには技師として任命されなかった時代である。多くの技手達は、国に勤めた肩書を持って下級官庁や民間等へ転職する時代でもあった。

会津藩が朝敵とみなされた歴史の中で、逃避時代の幼少期から少年期にかけて学問を修めることのできなかった江川三郎八にとって、県（かつての藩）の公職に就き望んだ技術職としての職階は工師ではなく、国・県の高等官としての技師であった。江川は、退職直前の大正3年（1914）12月、54歳の時に岡山県の技師高等官八等に任じられる。その時の喜びの言葉は、『「任

請議
大正十三年十一月十七日
陸軍大臣宇垣一成
内閣總理大臣子爵加藤高明殿

陞敍高等官二等
陸軍技師従五位勲五等藥師寺主計

勅任官伺い書

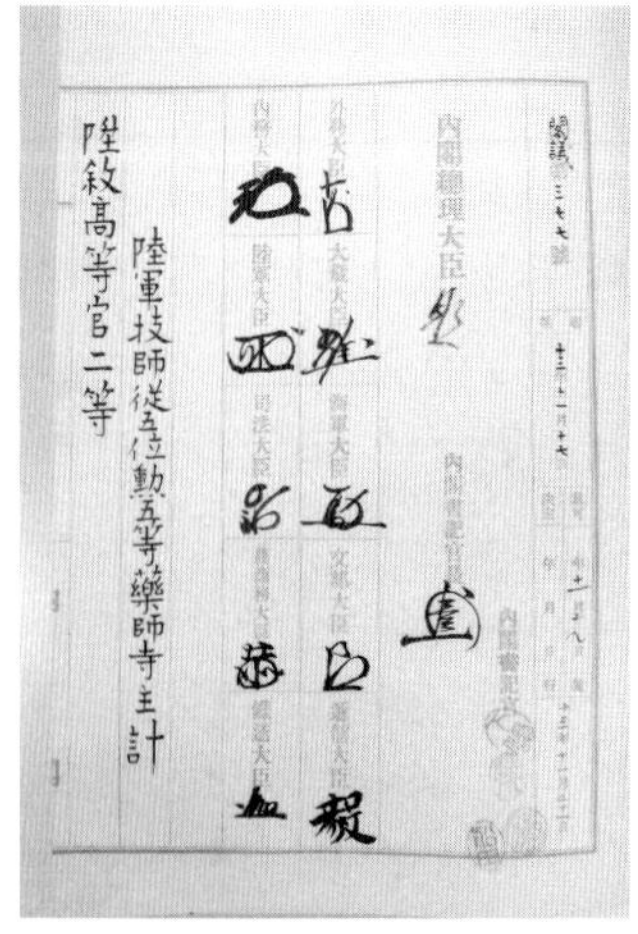

閣議 三七七號

内閣總理大臣

内閣書記官長

外務大臣　内務大臣
大藏大臣　陸軍大臣
海軍大臣　司法大臣
文部大臣　農商務大臣
遞信大臣　鐵道大臣

陞敍高等官二等
陸軍技師従五位勲五等藥師寺主計

閣議決定書（国立公文書館）

岡山県技師叙高等官八等十一級俸下賜」呼嗚、身を顧えれば無教育にして、無学文盲の身を以て、高等官の列に連り、殊に祖先の家を再興し、幼少よりの志望を全うせるは豊愉快ならずや。』と心の内を書き著わしている。明治4年（1871）の廃藩置県によって藩が亡くなり、立身によって県の高等官になれたことは、無念であった幼き頃からの永き思いを晴らす大きな証であったと言える。

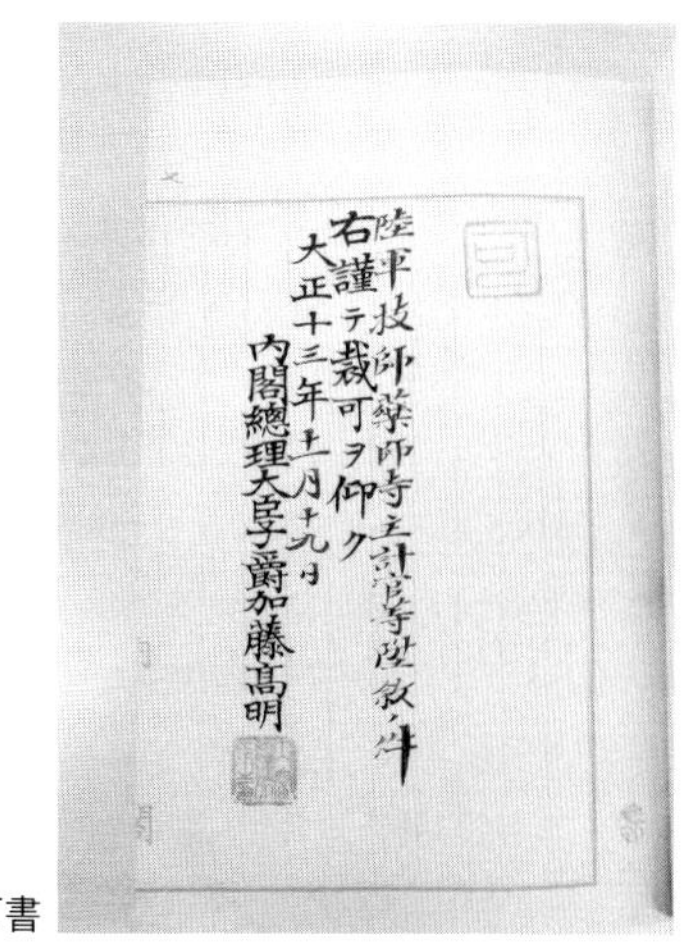

陸軍技師藥師寺主計官等陞敍ノ件
右謹テ裁可ヲ仰ク
大正十三年十一月十九日
内閣總理大臣子爵加藤高明

天皇裁可書

その2

会津における幼き頃の境遇

江川三郎八は、現在の会津若松市において三男一女の家庭に生まれた。父は会津藩の武具取扱役であったが、薩長同盟がなされた慶応2年（1866）に早世している。三郎八には長兄の平六がいたが早世し、次兄は次郎八という父の跡を継ぎ会津藩の武具役人の見習い職に就いた。江川三郎八は、桜田門外の変が起こった万延元年（1860）10月10日に生まれている。徳川幕府が滅びた戊辰戦争（1868）で会津若松城が落城するが、次兄次郎八は白虎隊の教導職として戦死している。すなわち、幼き三郎八は、家柄から朝敵の立場となり、母と姉とで会津から逃れ幼き一命を持ちこたえた。

そして、苦難の後、明治6年（1873）、13歳の時に若松に戻り、志した大工になるため町代々の大工棟梁山岸喜右衛門に弟子入りしている。そして実直な性格で技量を高め明治18年（1885）には、棟梁として独立する機会を得る。しかし、江川はこのことでは満足できず、かねがね家名復興のため官職につきたいとの強い思いを持ち合わせていた。

白虎隊供養の碑

その3

官職につける

そして、その念願の機会が明治20年（１８８７）3月に訪れる。26歳の時だった。それは、福島県庁において腕の立つ木造工事現場技術員が必要となり、人を介して江川に声がかかった。4月から県職員としての臨時職の辞令をもらい、福島県尋常師範学校の建築工事起工設計手伝役として勤める機会を得る。江川は、巡り合わせによって福島県内務部営繕部門の担当主任の専属補助員（日給制）として、若き頃からの夢であった官職に就けることになり、公的施設の建築現場で勤務できる幸運をつかみ取った。

その4
人生の巡り合わせ

前述したが、明治20年4月から、福島県尋常師範学校建築工事起工設計手伝役となり現場に晴れて向かうことになる。ところが、この工事の担当主任（事務職）が体を害し入院するという事態に遭遇する。国に対して建築工事を進めるにあたり予算上のこともあり具体的な指導・指示を受ける必要が生じ、急遽、江川が代行役として上京し、文部省の担当技師のもとに伺うことに

福島県尋常師範学校（江川三郎八研究会蔵）

なる。当時の文部省の担当技師は、高等官三等級の人物で山口半六という建築家だった。山口半六は、東京大学の前身である大学南校を卒業後、フランスに3年間留学し西洋建築を学び取った人物で、当時の文部省における学校建築の最初の基準をつくり上げた人物だった。このような人物から、直接、学校建築に関する多くの指導・教示を受けたことは、今後の江川にとってとても大きな自信につながる。

東京から戻っても上司の容態は一向によくならず、とうとう亡くなるという非常事態に直面する。その結果、この学校建築は江川に一任され、工事を取り進めることになる。そして、抜かりなく工事を完成させた。このことが評価され、翌年の明治21年（1888）には、福島県内務部の営繕係員（月俸制）となり、正規県庁職員に推挙された。

江川は、その後も学校建築についても手腕を発揮するが、後の明治34年（1901）の夏に文部省が開催した教職員等を対象とする夏期講習会に県から一か月間受講のため派遣されている。この講習会において学校建築に関する科目を当時の文部省 技師 課長であった久留正道らの講義を直接受講している。このことは、江川にとってさらに大きな実績となり、ますます自信を持って学校建築を推進する力になったと考えられる。久留正道は工部大学校造家学科（後の東京帝国大学）を卒業した3期生で、日本に西洋建築を最初に教えたジョサイア・コンドルから学んだ日本における初期の建築家の一人である。前述の山口半六とで旧制高等学校など多くの学校建築を設計している。

その5

橋梁の設計

建設部門に所属していた関係から、橋梁（橋）の工事監理と設計も担当することになる。橋梁は、動荷重（人や車のように動くものが載る荷重）もかかり構造計画としては、むずかしい分野である。ちなみに一般の建築物は静荷重（自重や家具等の動かない荷重）を主として構造計画がなされる。また、橋は水との戦いでもある。橋脚の基礎、柱脚をいかに安全なものとして造り上げることが大変なことであり、大水に耐える構造計画も求められる。建築よりも常に自然の脅威と直面する構造物である。

江川は、担当した橋の設計で難局を迎えたとき、橋の安全性を立証するため、十分の一の模型を作り、荷重に対する実験を人々の前で行い、安全性を確認させている。このようなことも評価され、明治24年（１８９１）、31歳の時、晴れて技手（月俸制）としての辞令を受ける。土木工事の橋梁を担当したことによって、いっそう構造に対応する知識を身につけることとなり、力学的な理論を習得することになる。自然災害にも耐え、いろんな荷重（重さ）にも耐える橋梁の在り方を実務として実践・習得したことは、後の彼の建築を設計する時にも大いに役立つことになった。

その6

福島県会議事堂の建設

江川は、明治30年までに岩瀬郡役所や岩瀬郡会議事堂、私立会津中学校、大沼郡役所、田村郡役所の設計とその工事監理、橋梁である藤橋、西洋式によるアーチ橋の小野川橋、トラス橋の信夫橋などの設計、施工監理などをこなした。

郡役所や郡会議事堂等の設計・施工に携わり完成させている実績もあり、明治30年（1897）末から福島県会議事堂改築予算設計に従事することになる。そして、翌年の明治31年4月に議事堂の改築予算に関する査定を受けに上京し、大蔵省臨時建築部にいた妻木頼黄（つまきよりなか）の部下から予算設計の修正・訂正を受け、直接、妻木からも指導を受けたようである。この妻木頼黄（1859—1916）とは、東京駅を設計した辰野金吾（1854—1919）と並ぶ明治時代を代表する建築家の一人であり、明治38年（1905）には、官庁営繕組織のトップとなった建築家である。東京帝国大学の前身であった工部大学校に入学するが講義に満足せず中退し、アメリカに渡りコーネル大学に3年生として編入学して建築を修めた建築家である。その後、議院建築等の設計のためドイツにも留学した人物である。彼の現存する代表作は横浜正銀行本店（現・神奈川県立歴史博物館）が挙げられる。

横浜正銀行本店

江川が訪問した時、国の議院建築計画（現在の国会議事堂の原点）が持ちあがっており、妻木もその設計の有力な候補者として挙げられていた。

江川は、大蔵省（現・財務省）から戻り、直ちに指示を受けた設計の手直しを行い、福島県議会の承認を得て、その年に福島県会議事堂が建設の運びとなっている。そして、明治32年（１８９９）に完成させる。

この県会議事堂建設は、後の岡山県会議事堂の建設を担当する際には、大きな自信につながったことと思われる。議事堂建設にあたり、日本の代表的な建築家と接点を持てたことは、行政職の技術職としては大変な誇りになったと想像できる。

その7

建築家伊東忠太との出会い

明治31年7月に大沼郡高田町（現・会津美里町）にある国幣中社（国から供え物を奉納される神社で格式の高い神社。岡山県ならば岡山市にある安仁神社、津山市の中山神社が指定されていた。神社庁で国の管轄下にあった）の伊佐須美神社社殿が全焼するという事態が起こる。当時はこのような神社を県が管轄（県の職員録にて位置づけが判る）していることもあり、再建のための設計と工事予算書の作成を江川に一任されることになる。江川は、再三上京して、当時、造神宮技師で内務省（１９４７年廃止）の技師でもあった伊東忠太（１８６７―１９５４）に指導を受け、建築図面と工事費との承諾を受けている。この伊東忠太という人物だが、この時は、東京帝国大学工科大学建築学科講師であり国の業務を兼務していた。当時は、帝国大学の教員は国の機関等の兼務・任命が盛んにおこなわれていた。

この伊東忠太という建築家は、当時、東京帝国大学の教育・研究が西洋建築に向いているとき、東洋の建築様式を研究した研究者で、日本建築史に最初に目を向けた研究者であり建築家でもあった。代表作の1つは、大学院生であった27歳の時に設計に携わった平安遷都1100年を記念する現在の平安神宮の建物である。伊東忠太が設計した建物で、現存するものが多く残っている。京都八坂にある祇園閣や東京築地の築地本願寺、現在の一橋大学兼松講堂など有名な建物を挙げることができる。また、建築界で最初に文化勲章を受章した人物である。前述した薬師寺主計が帝大で直接教わった恩師でもあり、倉敷の大原美術館の前につくられた有隣荘の設計では、和の部分の意匠設計を伊東忠太に依頼し、それをもとに設計を行っている。

江川にとっては、神社建築に関する最高の建築家に指導を受けたことになり、後の岡山における寺社建築を担当するに当たり、大きな自信となったことに違いないと考えている。

平安神宮

築地本願寺

有隣荘

その8

岡山県へ転任

明治35年に福島県の県技術職階の工手に任じられている。工手とは土木系技術員の職階であり、この上の位は工師だった。この年に、担当課長の林頼三技師が岡山県へ転出することになる。当時の、県職員で上級職の者は県を渡り歩いた。

林課長が岡山県に転出した理由は、当時の岡山県知事がかつての福島県書記官であった檜垣尚石勅任官であったからである。檜垣が林を呼び、林が福島から江川を引っ張ったことになる。江川は、明治35年9月18日に岡山県庁に出庁し、岡山県技手、並びに岡山県工手の辞令を受けている。

ここでなぜ江川を林課長が福島県から引き抜いたかである。実は、当時岡山県の土木事業による疑獄が問題となり、課長がその事件で退職する事態が生じていた。また、岡山県では多くの学校建築等の建設と県会議事堂の建設計画があり、優れた建築担当の職員が緊急に必要とされていたことにあったと考えられる。その時、林課長は福島における江川の才覚を認めており、この苦難時に対応できる人物として江川三郎八を呼び込んだと考えている。いずれにしても、江川にとっては遠く離れた地であったが、自分の技術・力量を示すことのできる好機と判断し、岡山の地で錦の旗を揚げようと考えたものと思われる。信頼できる人との繋がりによって江川は、岡山の地で江川の建築をつくり上げていくことになる。岡山での建築活動については、第二章で詳しく述べたい。

第二章　江川三郎八の仕事

旭東尋常小学校附属幼稚園園舎

前章では、江川三郎八の生涯の節目となる出来事について述べた。この章では、江川の仕事ぶりに注目して人並外れた業績をさらに詳しく紹介したい。

その1

岡山における最初の建築家

私は、江川三郎八の仕事ぶりから岡山における最初の建築家として位置づけ、その業績を称えたいと考えている。明治の初めまでは、日本には建築家といわれる存在はなかった。日本では建物を造り上げる大工さん、とくに棟梁といわれる人たちによって建物は造られ続けてきた。建物のつくり方を棟梁が現場で直接指南、指示し、そのもとで多くの弟子、瓦屋さん、左官屋さん、建具屋さんなどが入り、手づくりによって造られてきた。

明治に入り、建築における西洋の高等教育を受けた人たちの中には、イギリス、フランス、ドイツ、アメリカなどの建築先進国に向かい、そこで建築設計事務所に勤務し建築設計の在り方を直接学び取り、日本でその手法を広めていった。西洋では、古代から建築は芸術の分野だった。しかし、工業化が進むと構造学の分野も重要視されることになる。西洋における建築家の位置づけは、長い間、芸術家としてとらえられ、著名な建築家は彫刻家や画家でもあった。例えば、イタリアのミケランジェロなど多くの建築家を挙げることができる。しかし、構造学が進歩し工業技術が発展してくると、鉄やコンクリートを扱うことのできる構造技術が必要となり建築にとっては、数値計算による構造学も大切な分野となった。

時代とともに建築家は専業化され、工事の現場に行き直接工事に手を下すのではなく、自分たちが描いた建築設計図面の通りに建物の工事ができているか確認、すなわち工事の出来ぐあい、工事の内容などを監理することのできる能力が求められるようになった。

江川三郎八は福島県における技術職員となれたことで、これまでの大工職とは異なり、設計も行い工事の監理も行う立場になった。しかし、これだけでは建築家と称されることにはならない。

現在、日本には日本建築家協会（The Japan Institute of Architects）という組織がある。私も昨年、大学を退職するまで会員だった。この団体では、建築家は、建築が建築主（施主さん）の大切な資産であること、さらに公共にとっても重要な社会的資産と考え、設計監理を行うことを謳っている。建築の設計監理を行う建築家は、一定の知識・技術を持ち、その責任を負うにふさわしい高度の業務遂行能力と倫理意識を持つ必要があるとも示され、建物の質の向上と建築文化の創造・発展に貢献することなどを目的としている。

江川三郎八の建築作品（建築界ではこのような言い方もする）には、かつての西洋で言われる芸術家としての才覚も発揮されていると思っている。また、彼の作品は、その場所にとってふさわしく、美しく、個性ある江川の作品であることを示す表現が随所に見られる。他の人の手による建築と区分できる江川の手法が建築のいたるところに見られる。

例えば、絵画ならばこれはゴッホだ、ルノアールだ、いやピカソだ。というように、画家の絵を見ると言い当てることができると思う。時には、ルノアール調だとか、ピカソ風だといった他の人による作品も出てくる。音楽もそうである。これはバッハだ。モーツアルトだ、いやシューベルトだ、といったように著名な芸術家や音楽家は自分のもの、自分でしか表現できないものを確立させていく。現代の日本における著名な建築家の作品でも、その作風を見ると、例えば安藤忠雄さんとか隈研吾さんの作風には個性があり、見慣れてくると他と見分けることができる。

江川三郎八の建築は、地域になじみ地域の顔として残っている。また、公共性の高い建物が多く地域社会に与えた影響にも多大なものがある。人のための建築を追い求めた人物ともいえる。また、地域の建築文化を高めた人物である。このようなことから、私は江川三郎八が、岡山で誕生した最初の素晴らしい建築家と位置付けたいと考えている。建築を通して岡山の地域文化を高める仕事を成している。

遷喬尋常小学校校舎

その2

福島での仕事

江川三郎八は人生による巡り合わせによって、福島県庁の技術職員となり福島県内に公共建築を産み出すことになる。それでは具体的に江川三郎八が古希を迎えた時に書きし示した「生ひ立ちの記」に書かれた建物について紹介し、江川の仕事ぶりを垣間見たいと思う。

明治20年（1887）27歳の時だった。4月に最初に担当した建物は、福島県の臨時職補助員の立場で福島県尋常師範学校の建築工事起工（実施）設計の手伝役、並びに福島県尋常中学校の工事現場の見廻り役を仕事として与えられる。

この中学校は当時の安積郡郡山町開成山にあった。最初の工事監理だったが、正面玄関部には飛び出した八角形の建物と出会っている(明治22年開校)。見回り役であったが、江川は「福島第一の棟梁たり」とこの時点で自負している。

明治21年（1888）4月、福島県に正式雇用され、月俸12円で営繕係に配されている。尋常師範学校建築委員を申しつけられ、学校建築を任務として担当したことがうかがわれる。しかし、立場は伴任官ではなかったと述べている。判任官とは、国の大臣や各地方長官など行政官庁の長によって任命される官職だった。したがって、この時点では技術職員として身分は、最も低い立場にあったと言える。伴任官の上位には、高等官があり八等までの官位があった。

明治22年、30歳を迎える年に米沢街道にある長さ約36メートルで水面からの高さが約23メートルもある栗子橋の建築現場の監督を命じられる。この工事が初めての土木工事の現場で、橋梁における構造の在り方と基礎工事の大切さを身を持って学び取ることになる。

明治23年には、安達郡役所改築の実施設計に従事し、工事の監理を行っている。規模の小さな役場であったと思われるが、最初の庁舎建築とのかかわりを持ったことになった。

正職員として採用され4年目を迎える明治24年（1891）に、同僚が技術職の伴任官である技手に任命され、江川にはその命が下りなかった。仕事として与えられた県有建築物の図面を写し、台帳をつくる仕事を終えた時になんと辞表の提出まで考えている。しかし、上司に踏みとどまるよう諭され、福島監獄所若松出張所内にあった病人を収容する監房の工事監理を行う。その後、須賀川橋という西洋式の橋梁工事を担当することになり、苦難の末、翌年完成させている。この業績なども認められ、福島県技手、給十級俸の辞令受けることになり、望んだ判任官になれた。言ってみれば有力な藩士の一人になれたとの思いだろうか。

明治25年には、岩瀬郡役所改築の設計に従事し、郡費による岩瀬郡会議事堂の設計と工事監督を行っている。郡ではあるが、地方行政の中核施設の建物を担当したことになる。また、木造と鉄骨造を併用した幸平橋といわれる橋梁の設計にも参画し工事監理も行っている。

35歳を迎える明治27年になると、私立会津中学校の改築設計を行う。翌年の明治28年には、橋の長さが１００メートルを超える木と鉄骨を混用した越後街道の只見川に掛かる藤橋の橋梁設計をこなしている。また、会津街道にあった長さ約58メートルの小野川橋や福島市の境に位置する国道に架かる信夫橋の設計もこなした。土木事業では、構造に関する高い知識と技術力を要する橋梁工事を任されることは、江川の仕事における力量が庁内で認められたことになる。

明治29年、技手八級俸になり、大沼郡役所の改築設計に携る。明治30年（１８９７）には、田村郡役所の工事が始まり、大沼郡役所、会津中学校における増築工事の実施設計を行っている。この年、大蔵省から嘱託として若松等の葉煙草取扱所の現場監督役を命じられ、国の機関からの依

私立会津中学校（江川三郎八研究会蔵）

信夫橋（江川三郎八研究会蔵）

頼も受けた。国からの仕事を受けたことは、江川にとって誉のことであった。

そしてこの年末に、福島県会議事堂の改築予算設計に携ることになる。

明治31年には、福島県会議事堂の設計で上京し、前述したが大蔵省にて大蔵省建築部長妻木頼黄に指示も受け、部下から県会議事堂の査定・設計図の訂正を受けている。

実はこの年に、秋田県の既知でもあった土木課長から江川の橋梁の設計技術の高さを評価され、秋田県への転任を依頼される。江川もこの依頼を受け転任を真剣に考えたようであるが、当時の檜垣尚石書記官（福島県庁内のナンバー2）から思いとどまるよう諭されている。この出来事からも、江川三郎八の土木に関する仕事力の高さも窺い知ることができる。さらにこの書記官との繋がりが、後に江川が岡山に転任することになる大きなきっかけともなる。

またこの年に、大沼郡にあった国幣中社であった伊佐須美神社社殿が全焼し、建て直しの依頼を受ける。そして社殿の設計にあたり、東京に赴き内務省技師であった伊東忠太の指図を受け、設計書が受理されている。この伊佐須美神社の建築における建設事業は後の江川が携わる神社建築への大きな自信となった。

40歳になる明治32年には、大工事である県会議事堂と伊佐須美神社の工事を担当し、伴任官の技手であったが建築係主任を拝命している。また、この年には、東白川郡役所、河沼郡役所、河沼警察署の設計・設計書を制作し、工事の監督として従事した。

明治34年には、第一中学校の改築および新築工事の実施設計、第二中学校の改築および新築工事の実施設計等もこなし、文部省(現・文部科学省)にて学校建築講習会の講習生として上京4週間の夏季講習を受けている。ここでは学校建築法、学校衛生法について、教室形式で机に向かう椅子式の講義を受けたことが印象深いことであったと思われる。そして講師として文部省建

福島県会議事堂（江川三郎八研究会蔵）

伊佐須美神社（江川三郎八研究会蔵）

福島高等女学校（江川三郎八研究会蔵）

築課長久留正道らの講義を受け、今後の学校建築についても大いなる自信を得ることになる。

帰庁後、福島市内にあった新設の福島高等女学校、若松市内にあった藩邸内敷地の新設の工業高校、新設の中学校の設計に取りかかっている。

そして、人生が大きく変わり動く明治35年（1902）を迎える。年初めに日本赤十字社福島支部の建築設計と工事監督を委嘱され、4月には、福島県工手を命じられる。ところが、上司であった担当課長の林頼三技師が岡山県令（知事）となっていた檜垣尚石から岡山県への転任を命じられ、江川もその仕事力から岡山県への出向を命じられる。人生における大きな転換期である出来事だった。

このように、江川三郎八は、大工という立ち位置から福島県における学校建築を担当する日給制の臨時技術職員となり、翌年には偶然の巡り合わせであるが直属上司が亡くなったことにより、その工事の代役を見事にこなす。

この出来事によって、最初の江川三郎八の仕事が上司に認められ、月給制による正職員の道が開かれることになる。当時、建築職は土木部門の一分野であったこともあり、橋の工事監理、設計も担当することになる。そして、土木事業でも難しい橋梁の専門家にもなっていく。また、彼本来の建築部門でも公共建築の主流ともいえる学校建築、庁舎建築もこなし福島県会議事堂の設計、工事監理も託されている。福島県において江川三郎八の建築領域の仕事力も大いに評価され、認められる技術者として成長発展している。このような時に、これも大きな人生の巡り合わせだが、大変お世話になっていた元福島県書記官檜垣尚石が岡山県令となっていて、信頼できる担当課長であった林頼三が岡山県へ転出することになる。そして、この二人の期待を背負って福島での仕事力が認められた江川三郎八が岡山に転任するという運命ともいえる出来事が起こった。人の人生はわからないものだが、人との繋がりによって江川の人生における大きな変革点を迎える。

その3

岡山での仕事

明治35年（1902）9月10日、43歳を迎える時に岡山県庁への出向を命じられる。はるか彼方の福島から初めて岡山にたどり着いた時の気持ちはどのようなものであっただろうか。言葉も文化も食べ物も違い、気候風土の違いには大変な驚きがあったに違いない。岡山に向かう時に恩師から「高木風に嫌われ出づる釘は打たる」との教訓を言い渡され、その言葉を胸に出向いている。これはまったくの私事ですが、私が大学院の修了を祝う会に出席したおりに、とある先生から「岡山では出る釘は打たれるので心して当たるように」と、酒の席で言われたことを思い出す。岡山はそのように言われているところなのかと、偶然読み取った言葉に驚かされた。しかし、私も岡山に来てみるとそんなことは微塵もなかったと今でも思ってる。

話がそれたが、ちなみに現在、最短の新幹線で行くとすれば、岡山へは930キロもの距離になる。現代でも遠いところである。

さて、江川三郎八は9月14日の朝に福島駅から岡山に向かう。夕刻、上野駅に着き、銀座に住んでいた親戚方に向かい一泊、翌日は当日の新聞で知った岡山県知事の上京宿まで向かい、付き添った上級職員に挨拶をしている。そして新橋駅から夜行列車にて京都に向かう。翌朝、京都駅に着き、そこで関西線にて奈良市内の仏閣を視察するため奈良にて一泊。そして翌日、大阪府庁に行き福島県庁時代の参事官であった上司に挨拶をし、夕刻に岡山駅にたどり着いている。実に、行動力があり目的を明確に抱いて行動に移す人物であることが窺い知れる。3泊4日を要して岡山に着いた。

そして、翌日の9月18日に岡山県庁に入庁し、これまでの直属課長であった林頼三課長から岡山県技術職員として技手5級俸、並びに岡山県工手の辞令を受けている。月俸は10円だった。翌19日に職務の席につき、係員への挨拶を行っている。不祥事以後に残った職員とも徐々に馴染み、自分の意見を述べ伝え、居残職員を指揮監督している。

ところで、この不祥事の詳細について「江川三郎八研究会」代表である難波好幸氏から情報をいただいた。それは、山陽新報（後の山陽新聞）明治35年5月17日と18日に連載された「笠岡町の怪事」という小見出し記事である。笠岡港湾浚渫工事で、金銭による汚職事件が発覚し岡山県の担当課長の技師が退職する事態に陥った。この後任として林頼三課長が着任したわけである。

江川の岡山での最初の仕事は、岡山県立岡山高等女学校の講堂（張間約16・4メートル／桁間約21・8メートル）および雨天体操場（張間約12・7メートル／桁間約18・2メートル）で「江川式小屋組」で建築をさせたと書き示している。いつの時点から「江川式」と称していたのか不明だが、江川自身も自分が編み出した小屋組工法を「江川式」と述べている点に注目している。

仕事を始めてみると気にすることもなく、部下たちは抜かりなく対応して

岡山県立岡山高等女学校（江川三郎八研究会蔵）

津山中学校本館

くれたようで、初年度に託された仕事である矢掛中学校、岡山県立工業学校、高梁中学校の増築、津山中学校の増築、新設の津山高等女学校の建設工事を年度内に完成させた。

明治36年には、上記の継続工事と県議会で承認された工事の実施設計をこなし、9月には、工手月俸15円との記載があり、1・5倍の昇給になっている。45歳を迎える年の明治37年3月29日に、工師を命じられ、年俸１８０円となる。技師級の年俸制の職員となり、身分がより安定した。

明治38年には、私立閑谷中学校並びに私立山陽高等女学校の改築設計と工事監督についている。

明治39年は、日露戦争によって繰り延べとなっていた学校、県営建物の設計、工事監督を行っている。

明治40年（１９０７）には、岡山市からの委託を受け、旭東尋常小学校の改築設計を行い、倉敷の素封家野崎家の寄付によって建てられることになっ

津山高等女学校（『写真集 岡山県民の明治大正』より転載）

旭東尋常小学校（江川三郎八研究会蔵）

た児島郡立商船学校の建築設計と工事監督を受けている。そして、この年に県会議事堂改築工事の予算設計と、男子師範学校改築工事の予算設計に携る。

江川三郎八にとって県会議事堂の建設は、岡山県における建築技術職の仕事として最高の仕事であったといえる。

翌年の明治41年には、県会議事堂改築工事の実施設計を行い、県による直営工事として直営主任を仰せつかり、三年間の継続工事をこなしている。この年末に工師年俸２４０円を言い渡されている。男子師範学校の改築工事の実施設計も行い直営主任として対応している。

そして50歳を迎える明治42年（１９０９）には、津山にある土居銀行津山支店（後章で詳述）の新築工事の嘱託を受けている。また、国幣中社であった吉備津神社御仮殿造営の任務も命じられる。ところが、この年に不幸な出来事が起こった。永年連れ添ってきた常子夫人を病によって亡くした。

明治43年になると陸軍特別大演習が岡山で開催されることになり、最高統

児島郡立商船学校（江川三郎八研究会蔵）

岡山県会議事堂（『写真集 岡山県民の明治大正』より転載）

師機関が設置される後楽園内の大本営施設等の修繕工事の仕事に就いている。そして、都窪郡役所の建築工事設計並びに監督も行った。また、この年に、退職後に力を注ぐことになる金光教大教会所と付属神舎建築顧問を委嘱され工事監督の任に就いている。

明治44年には、国を挙げて武術の保存と奨励に取り組んだ大日本武徳会岡山支部の武徳殿とその事務所の建築工事監督を嘱託される。また、皇太子の行啓（視察）に伴う事務委員営繕係を任命され、来訪建物について支障ないよう対応もしている。そして10月20日に正八位（当時の国等による功績のあった役人に与えられる位。16階中の15階）を叙位されている。

明治45年には、岡山医学専門学校生徒控所兼臨床講義室の設計を行い、工事監理も委嘱される。明治天皇崩御の年でもあった。

大正元年（１９１２）の9月9日に工師年俸３６０円の給付となる。そして、53歳であった12月18日に岡山県における長年の公共的な建築業務の功労に対して勲八等瑞宝章を叙勲された。

大正2年には、天城中学校の建築設計並びに工事監督を行う。

大正3年、自宅近くへ岡山県官祭招魂社（後の岡山県護国神社）が移転されることになり、改築設計並びに工事監督を嘱託されている。

そして55歳を迎えたその年の12月5日に「任岡山県技師叙高等官八等十一級俸下賜」を任ぜられ、永年の願いであった高等官に昇官し、12月24日付で退職している。定年退職での大きな功労にこたえる対応であったと言える。

天城中学校（『写真集 岡山県民の明治大正』より転載）

そして、なんと退職と同時に江川三郎八は県吏として再雇用が許される。工師級として六級俸（年俸一千円）を給され、職務を継続できることになる。このあたりの県の手配は、江川三郎八の仕事力に関する実力とこれまでの業績に対するさらなる大きな評価の表れといえる。現在でも公務員には嘱託による再雇用の制度が残っているところもある。しかし、このような処遇はないといえる。

大正5年、県営工事として笠岡警察署と井原警察署の改築工事、英田郡役所の建築工事に従事し、大正6年には、勝間田警察署の改築、岡山西警察署の増築改造工事に従事している。また、大正7年には岡山県立病院の改築工事の監理を仕事としている。

そして、大正8年には継続していた岡山県立病院の工事担当技手が急遽退職したことによって建築主任を命じられる。給与は、9月21日から工師年俸千百に昇給した。またこの年には、郡立私立中学校県営移管新設に伴う予算

（見積）調査をこなした。再雇用後の仕事は、岡山県立病院での立ち位置を除けば、経験者としての指導的立場での仕事であったと考えられる。

大正9年には、第一次世界大戦中での予算執行、建築工事の抜かりない仕事ぶりに対して3月31日付で工師年俸千二百円を支給されることになり、さらにこの年の9月30日には、年俸千九百二十円に増額され、岡山県建築技師（県の職階）を拝命している。

大正10年では、各中学校の建築起工設計、3年継続した新設の勝山中学校、そ

勝山中学校（江川三郎八研究会蔵）

して笠岡町立商業学校、岡山県閑谷中学校、岡山県順正高等女学校、岡山県天城中学校の県営移管に伴う増築事業に従事している。

大正11年、農事試験場改築による実施設計のため、千葉・長野・神奈川などの試験場視察を命じられ、建設に3年を要する事業を立ち上げる。12月には、建築技師年俸二千百円に昇給。このことからも仕事の力量が認められ手厚い待遇を受けていることがわかる。

そして、大正12年（１９２３）、県立図書館改築工事に従事する仕事を最後に、庁内最高齢64歳の職員となり、12月21日で二度目の依願退職をしている。

江川三郎八が正規退職をする大正3年の岡山県職員録を見ると、その掲載順序は1ページ目に県知事、内務部長、警察部長、理事官、警視と続き、その後に各部署における技師名が記載されている。2ページ、下段から秘書掛、文書掛と続き各部署の職員名が示される順位である。このことからも県庁内における技師の立ち位置の高いことが窺える。

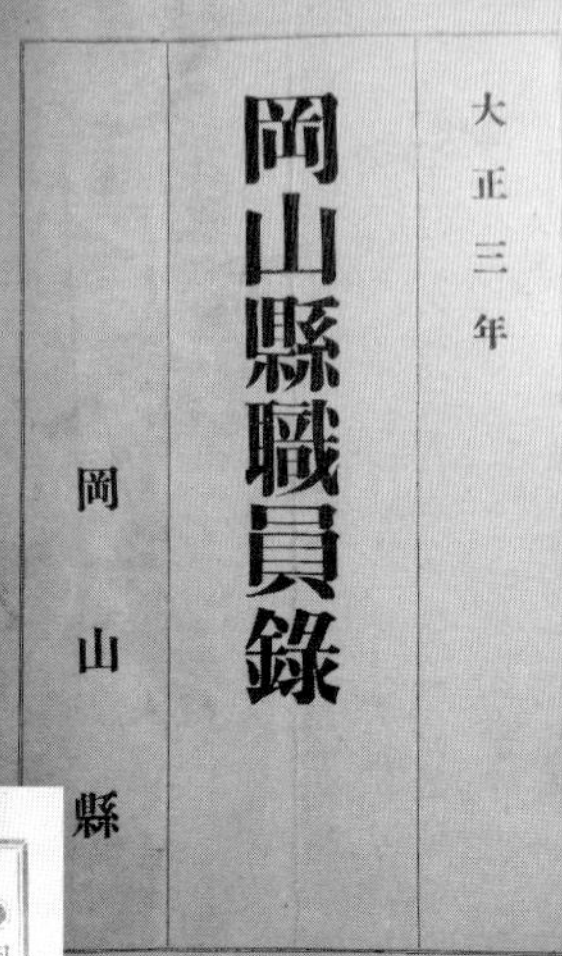

大正3年岡山県職員録
（岡山県立図書館蔵）

岡山縣職員録

知事　一等二級　笠井信一

内務部長　四等三級
縣參事會員　文官普通試驗委員長　文官普通懲戒委員　[illegible]官國幣社々司社掌試驗委員長　[illegible]市町村立小學校教員恩給審査委員　[illegible]小學校長[illegible]　[illegible]會社監理官　岡山地方森林會[illegible]　土地收用審査會委員　市吏員懲戒審査會員　町村吏員懲戒審査會員　[illegible]　[illegible]事務整理委員
道岡秀彦

警察部長　五等五級
文官普通試驗委員　文官普通懲戒委員　事務整理委員
香坂昌康

理事官　五等七級
第四課長　岡山地方森林會幹事　事務整理委員
南爲吾

六等（年八五〇）
第一課長　市吏員懲戒審査會員　町村吏員懲戒審査會員　懲戒審査會員　事務整理委員
川口守治

六等七級
視學官第三課長（兼）知事官房主事　文官普通試驗委員　文官普通懲戒委員　[illegible]　[illegible]　小學校教員檢定委員　[illegible]　[illegible]　會員　市吏員懲戒[illegible]　町村吏員懲戒審査會員　事務整理委員
杉野繁

警視　七等（年[illegible]）
下村充郎

八等十級
岡山警察署長
羽田房五郎

技師
三等六級
工師（年四〇〇）第二課長　土地收用審査會委員　岡山地方森林會議員　事務整理委員　岡山市下水道改良工事顧問技師報酬年額（六〇〇）
桑邱茂

四等（年三〇）
農事試驗場技師　農事試驗場長
江間定治郎

四等（年三〇）
農學校長兼教諭
石井新太郎

四等（年三〇）
水產試驗場技師　水產試驗場長
雨森兼太郎

四等（年三〇）
警察醫（年[illegible]〇〇）　小學校教員檢定醫
陶山鎮治

技師の表記は知事と同じ一頁目に記載

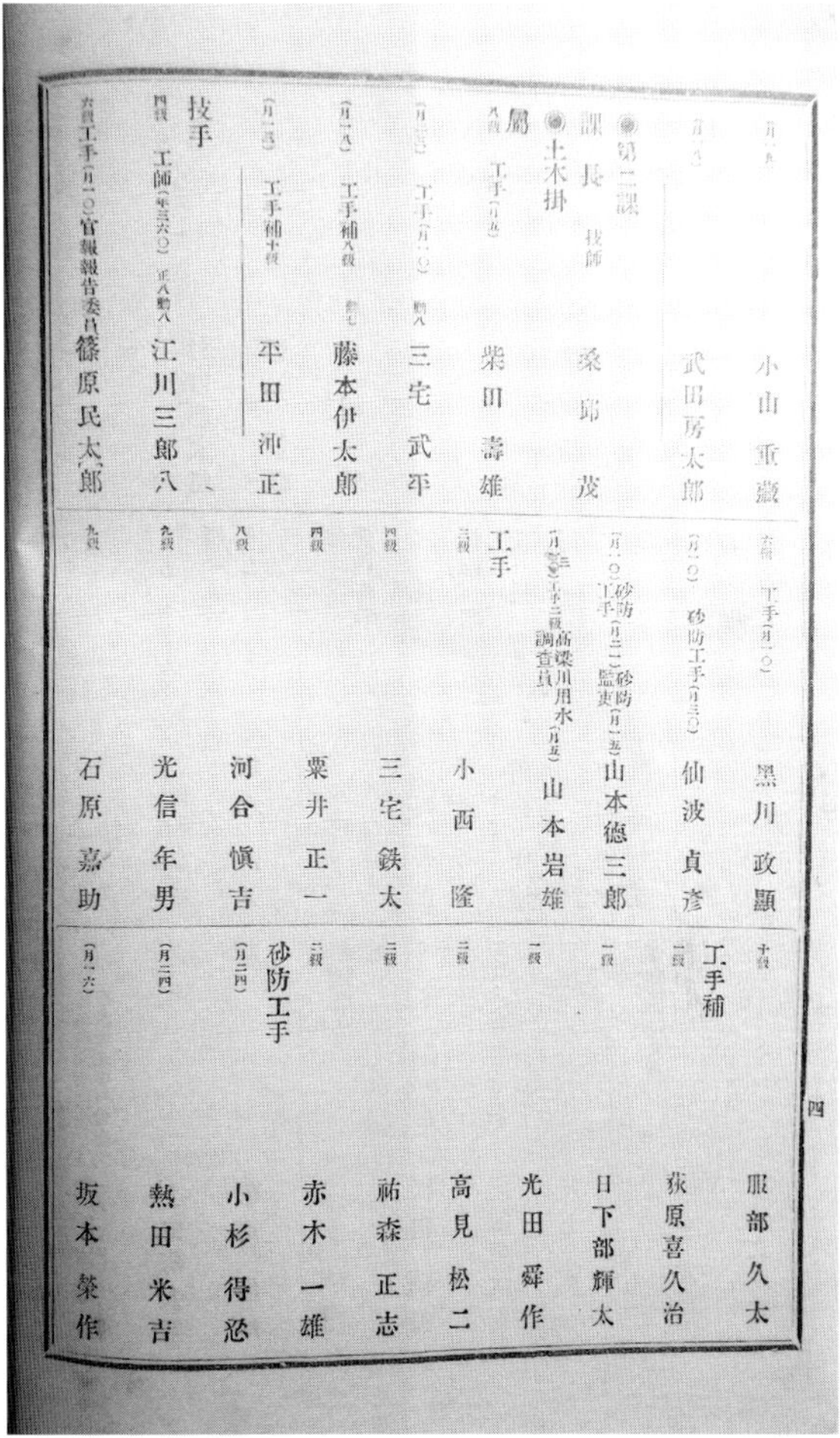

（月一五）小山重藏
（月一〇）武田房太郎

◉第二課

課長 技師 桑郎茂

◉土木掛

屬 八級 工手（月九） 柴田壽雄
（月一三）工手（月一〇） 勲八 三宅武平
（月一八）工手補八級 勲七 藤本伊太郎
（月一三）工手補十級 平田沖正

技手

四級 工師（年三六〇） 正八勲八 江川三郎八
六級工手（月一〇）官報報告委員 篠原民太郎

六級 工手（月一〇） 黒川政顯
（月一〇） 砂防工手（月三〇） 仙波貞彦
（月一〇）砂防工手（月二二）砂防監吏（月一五） 山本徳三郎
（月二三）工手三級 高梁川用水調査員（月五） 山本岩雄

工手

三級 小西隆
四級 三宅鉄太
四級 粟井正一
八級 河合愼吉
九級 光信年男
九級 石原嘉助

十級 服部久太

工手補

一級 荻原喜久治
一級 日下部輝太
一級 光田舜作
二級 高見松二
二級 祐森正志
二級 赤木一雄

砂防工手

（月二四） 小杉得恐
（月二四） 熱田米吉
（月一六） 坂本榮作

四

大正3年江川の立ち位置（左上部に江川の記名）

江川は、第二課土木掛の技手として筆頭の地位にあり、この人事録から多くの職員の中で高位の立場であったことが判る。課長から直接仕事を受け、部下たちに仕事を采配していたといえる。

江川三郎八は、岡山県での仕事について人生を振りかえっているが、福島時代とは違い不満の言葉は一言も述べられていなかった。江川にとっては、岡山県の技術職員として、そして退職時に高等官としての技師を拝命したことを人生の誉としていたことが窺える。当時の学歴社会の中では異例の立身出世であったといえる。

その4

退職後の仕事

岡山県庁を退職後も、江川三郎八の建築家としての道は拓かれていた。大正13年には、岡山県で初めて百貨店を開設した伊原木藻兵の依頼により現在の天満屋の場所に、洋風三階建ての店舗を設計し、工事監理を行っている。大正14年（1925）3月には、完成し開店した。岡山県初の百貨店で、地方都市では珍しい建物だった。さらに大正15年には、西館の増築設計並びに工事監理も行っている。

天満屋（江川三郎八研究会蔵）

この建物で江川が設計した建物について「洋風三階建」の表現を用いており、県庁時代の擬洋風建築（第三章で紹介）の作風から大きな変化が見られる。当時は、倉敷において大原孫三郎の依頼を受け東京帝国大学工科大学建築学科を卒業し陸軍省の技師であった建築家薬師寺主計（1884―1965・総社生まれ）が本格的な西洋建築といえる第一合同銀行倉敷支店を設計し、大正11年に完成させている。倉敷に本格的な西洋建築が出現し始めていた。

昭和2年には、各種の商店の建築、和洋折衷の住宅等の依頼を受けている。ここでは、「和洋折衷」といった表現が用いられ、これまでの建物全体が擬洋風建築ではなく、和式と洋式を交えた設計、もしくは和式住宅と洋式住宅を併設する設計手法を試みていることが窺える。

昭和3年に金光教施設の火災後の復興造営にあたり、金光教復興造営部が設置され、2月に江川が造営部技師として嘱託された。そして、教義講研究所客殿等の建物の工事に従事している。このあたりの建物とのかかわり方については、今後の研究に託したいと考えている。

昭和4年、古希を祝うとともに、記念としてこの「生ひ立ちの記」を書き上げている。

江川三郎八にとって、退職前後まで岡山には江川三郎八に代わる秀でた建築家の存在は、なかったといえる。しかし、大正時代の中頃にあたる1920年代になると日本の建築界もギリシャ・ローマといった古典様式やゴシック・ルネサンスといった建物のデザインから、機能性を重んじ建物の装飾的な表現を排除する新しい建築の流れが生まれてくる。

江川三郎八が成した建築の仕事は、この新しい流れの前に生まれたものだが、その素晴らしい個性ある手造りによる建築を岡山で広めたことである。

現在、ようやく一般の方々も現代の建物だけではなく、過去に造られた地域における個性ある優れた建物に目を向けられる時代となった。岡山における江川三郎八が成した建築の仕事には、素晴らしいものがある。次章で詳しく紹介する。

第三章　江川三郎八の擬洋風建築

赤坂尋常高等小学校校舎

日本における初期の近代建築の流れには、大きく分けると二つの流れがある。一つは数少ない高等教育機関で本格的な西洋建築を学び、理論と様式をわきまえて造りだされた流れ。そして、もう一つは、これまでの日本の伝統的な建築を造ってきた大工による、見様見真似の西洋建築様式導入の流れである。必ずしも西洋建築は日本の気候風土に適合するものではなく、日本なりの西洋建築の在り方、造り方も求められていく。こういった中で、各地における擬洋風建築は広がっていくが、工場生産による鉄・コンクリート・ガラス・煉瓦などの新しい建築材料が生産され、これらの材料を用いた近代建築も広く造られ始めていく。近代の工業化・機械化、そして世界の新しい近代建築におけるデザインの流れの中で、しだいに擬洋風建築は姿を消していく歴史がある。

しかし、擬洋風建築は日本の初期における近代建築において、他国にない固有の建築様式を編み出しており、高く評価できるものと考えている。

近代における歴史的な背景から述べてみよう。

その1

近代建築の興り

日本における建築のつくり方に関する歴史では、幕末までは各地の伝統的な大工技術と地元で産出される材料を用い、地元の大工が木による構造体でほとんどの建物は造られ続けてきた。建築の様式として確立されたものに、神社・仏閣による建築様式がある。また、各地では、その土地の気候風土に適した民家・商家等があり、茶室や城郭建築も日本固有の建築様式として発展・継承してきた。

日本では江戸時代に鎖国政策が執り行われたが、長崎の出島ではオランダとの交易が認められていた。しかし、出島以外では、ほとんど外国の文化は入らなかった。ところが、幕末になると黒船と称される大きな蒸気船が煙を吐いて日本に押し寄せて来る大事件が起こる。アメリカは開国を求め神奈川の浦賀沖に停泊し、威力によって開国を強く求めた。そこで、江戸幕府は限られた港に来航することを認め、開国を余儀なく受け入れることになる。すると、異国の人達の住む住宅や関連施設が必要となり、西洋の生活様式に似合った建築様式の建物が建つことになった。これらの建物を建築するにあたって、日本の大工が加わることにもなり、これまでになかった西洋の建築材料、建築意匠（デザイン）を見聞きし、造り上げていくことになる。

明治維新を迎えると、日本の上層部の人達は、西洋の人達と肩を並べたいがために洋装し靴を履くことを試みた。これと同じことを住宅や関連する建物においても上層部の人達は、西洋に倣った建物を建て西洋に立ち向かおうとした。横浜や神戸に建つ異人館を眺め、日本の次の時代を創り出そうとする人たちの要望として、西洋館が憧れの対象になっていった。

このような中で意気盛んな大工たちの中には、神戸や横浜などの外国人が住むことを許された居留地に出向き、独学でこれまで見たことのなかったハイカラな西洋建築を見て学び、これまでに培ってきた日本の木造建築による大工技術で西洋建築を建てようと苦心する者も現れることになった。このようにして出来上がってきた建物は、和洋混合の形態で本格的な西洋建築ではなかったため、後に揶揄するような言葉とも思える「擬洋風」と称されることになった経緯がある。

その後、地方の役人たちの技術者の中には、専門教育機関で西洋建築を学び海外渡航の経験はなかったが、西洋建築の知識を高め、より西洋建築に近づける努力をする技術者も出てくることになった。彼らが造った建物の中には、擬洋風建築と西洋建築との明確な区分ができないものも現れることになる。

明治末のころから、一般個人の和式の住宅においても、洋館風の客間や主人の書斎などを増設した住宅も各地の有力者の間で広まっていった。

日本の本格的な西洋建築の教育は、ジョサイア・コンドル（１８５２―１９２０）が明治10年1月にイギリスから来日し、工部大学校（後の東京帝国大学工科大学）造家学科の講師として着任したことから始まる。明治12年11月に日本人として最初の建築家といえる辰野金吾（1854〜1919／日本銀行本店、東京駅等を設計）ら4名が工部大学校を卒業し、社会に出ることになった。辰野金吾は学業成績が優秀であったことから、工部大学校の教授職に据えるため英国のロンドン大学に欧州官費留学を命じられる。英国の建築家のもとで実務経験もこなし帰国後、工部大学校造家学科（後に建築学科）の教授に就任し、日本人による高等教育が行われることになった。

ところで明治の初期までは、日本の建築界には、建築家と言われる存在はなかった。すなわち、芸術を学び構造を理解し、設計図を描き、建物を監理して建物を建てていく制度は日本にはなかったと言える。ジョサイア・コンドルによって建築設計事務所が日本で最初に生まれた。明治期はまだまだ西洋建築をマスターした建築家の存在は、数少ない時代であった。

特に地方においては、これまでの日本の建築を支えてきたのは、前述したが地域の伝統技術を棟梁から受け継ぎ一人前の大工になるため修業し、自分の腕で伝統的な建築を施工してきた大工達である。当時の大工には、今日のような設計図はなく、板に書いた大まかな計画図と部分的な見取り図のようなもので、建物を腕と経験によってつくり上げていた。

現在では、大工が独立して施主から新築の建物を直接請け負うことが非常に少なくなっている。大工達は、工務店や建設会社に雇われたり、木工事のみを請け負う大工として対応することになってしまった。大工技術も電動具で木材は加工され、金物によって接合し、細工の技術は不要となっている。また、今日では、木材の加工も工場でプレカットと言われる工法によってあらかじめ接合部も含めて部材が工場生産され、それを現場（建築場所）で組み立てていく仕事が主流になってしまった。宮大工と言われるような伝統的技術力のある大工を除くと、殆ど大工技術の見せ場が少ない建築となってしまったと言える。大工の存在が残念なことに薄くなってきており、今となっては日本の本格的な伝統的木造建築をつくることのできる大工が、大変貴重な存在となっている。日本の建築界として、近代化の中で失われてしまった非常に残念な出来事の一つである。さらに現在では、生活様式の変化から住宅自体も洋式化し、壁による建築（大壁造り）となり柱は隠れてしまい、柱や土壁を建築意匠として表す和室（真壁造り）の存在が激減してしまった。生活様式が変わったからだとも言われるが、残念なことである。

日本における初期の代表的な擬洋風建築として、よく取り上げられるのが今日の大企業となった清水建設の礎を築いた二代・清水喜助（1815―1881）による築地ホテル館（1868）や、第一国立銀行（1872）、長野県の松本に今も残る大工棟梁立石清重による開智学校（1876）、大工棟梁津田吉之助による金沢の尾山神社神門（1875）などが有名である。

築地ホテル館
『近代建築史圖集』より転載

開智学校
『近代建築史圖集』より転載

尾山神社神門

その2

擬洋風建築の特徴

当時における初期の擬洋風建築の特徴は、原則的には構造材は木造が主流であった。しかし、瓦を焼く技術が日本にあったので、レンガを造り出し壁材の一部として使われることもある。各部位について紹介する。

壁には、下部になまこ壁（蔵等の壁に用いた平瓦を並べて張ったもの）、上部は漆喰塗りによる表現も多く見られている。また、西洋の壁の角にあたる部分には隅石と言われる部位があり、このデザインを取り入れ薄い石を張り付けたり、モルタルで石のように表現して西洋建築における石積みの隅角部の意匠を表現したものも見られる。また、壁は板壁で縦板張りと横板張りを用い、白いペンキで塗装する手法も多く見られる。

窓は日本にはなかった上げ下げ窓が用いられ、窓の上部に三角形や円形の

なまこ壁

擬石の隅石と基礎

ペディメントと言われる意匠を取り入れたり、窓上部に三角形や半円を取りこんだ窓が造られている事例も多く見られている。

規模の大きな建物では、玄関には車寄せが設置され、西洋のペディメント（三角形の切妻壁）を模した妻壁のデザイン手法も多く見られる。

また、建物の屋根中央部には五重塔などを模した塔を取り付けることもよく見られる手法である。しかし、屋根はほとんどのものが瓦葺屋根である。西洋建築のような平な屋根を陸屋根というが、この屋根形状はほとんどみられていない。屋根の構造では束

車寄せとペディメント

柱を立てるだけではなく、束の間に斜めに木材を組み込み三角形の構造体（トラス）を西洋建築に倣い取り込んでいることもよく見られている。西洋の建築でも屋根が木造の勾配屋根も多くあるので、この技法を取り入れたものが構造的には頑丈であり広がって行った。

このように日本の各地にある材料、手法、技術によって、これまでになかった西洋に近づく建物を大工達は考え編み出していき、日本各地に広がっていった。今日、このような建物が建てられた所は、住んでいた人々のココロイキが高かった地域であり、地域が発展していたことを擬洋風建築は物語っている。

私は、このようなことから「擬洋風建築」は、素晴らしい日本の大工達が生み出した特色ある日本の建築様式として高く評価している。

その3

岡山に残る明治期の擬洋風建築

それでは現存しており、見て回ることのできる岡山県内の明治期の擬洋風建築を紹介しよう。江川三郎八とかかわりがなかった建物をまず取り上げてみる。そうすることで、後に述べる江川三郎八による特色ある擬洋風建築との違いが判りやすいであろう。

ここでは、宗教建築、学校建築、庁舎建築等について取り上げる。

〈宗教建築〉

① 法泉寺本堂

最初に紹介するのは、明治11年（1878）に建築された意外な建物である。それは和気町益原にある法泉寺本堂の建物で、最初に確認した折には驚かされた。明治の初期になぜこのような西洋式のデザインを日本の宗教施設が大胆にこの地で取り入れることができたのか、不思議な思いであった。

建物は、日蓮宗の不受不施派の寺院で、正面には三角形のペディメントを思わせる切妻屋根が取り付けられ、前面の屋根庇を支える柱は丸柱で柱頭飾りが見られる。そして、その上部には幾何学的な軒飾りが規則正しく並び、軒蛇腹（コーニス）が取り付けられている。また、建物の左側の側面の壁にはガラリ戸付きでアーチ状の窓が規則

法泉寺本堂

正しく配置されている。明治時代の初めであり、建物用途を考えても大変珍しい宗教建築と言える。建物を造り上げたのは塩飽大工（瀬戸内海地方で江戸期から活躍した大工集団）の棟梁大石四郎左衛門と言われている。

この建物は、岡山県に残る最古の擬洋風建築と考えられる。

所在地　和気郡和気町益原４６６

② 日本基督教団高梁教会教会堂

県内には、早くから建築されたキリスト教の教会堂建築が今もいくつか残っている。明治６年（１８７３）にキリスト教に関する禁教政策が廃止され、岡山県下ではプロテスタントによる布教が、明治８年（１８７５）に米人宣教師によって岡山で説教会が開催された。そして、昭和12年に、岡山における近代医療の基礎を築いたとされる医師で宣教師であったジョン・ベリーによって伝導が開始され、明治13年に岡山基督教会が設立された。中国地方における最初の教会堂が建てられ姿を現した。また、カトリックによる布教も、仏人アンリ・ワスロン神父によって明治13年から始まっている。

この日本基督教団高梁教会教会堂は、県内に現存する最も歴史のある教会建築である。建物は、明治22年（1889）に木造で建築された。設計者は愛媛県今治出身の大工棟梁であった吉田伊平という人物で、この教会のほかに岡山、鳥取、函館、宮崎、宇和島等で九つの教会を設計し、江川とのかかわりがある山陽高等女学校などの学校建築も数多く設計していた。

教会は、高梁市の紺屋川沿いにあり美しいたたずまいの建物である。切妻屋根は瓦葺であるが、破風板には初期の擬洋風建築に見られる繰形

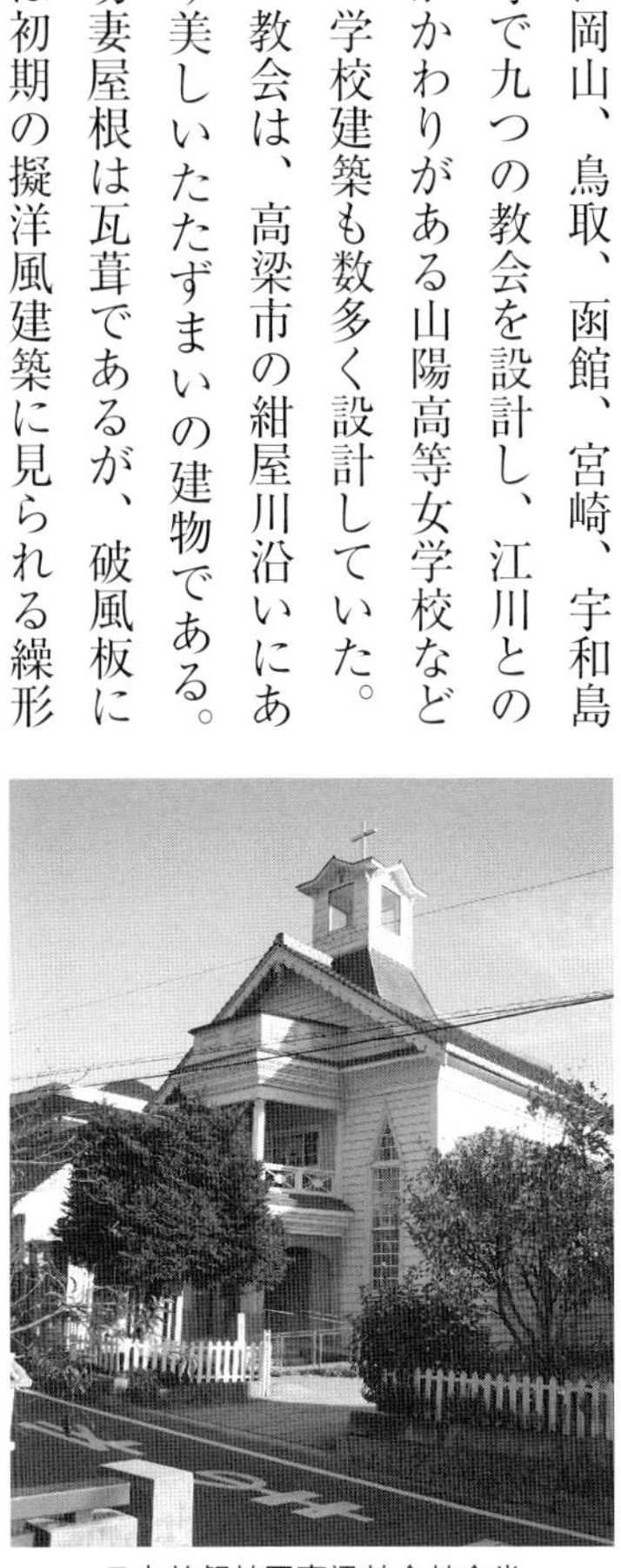

日本基督教団高梁教会教会堂

が施されている。正面の車寄せ周りのデザインにはアーチ状の入り口（後の改修）があり、二階のベランダの柱には西洋式のフルーティングと言われる縦溝が彫られ柱頭飾りがある。手すりの欄干部分には日本的な梅の花がデザインされ取り付けられ、軒には階段状の軒蛇腹が見られる。壁は下見板張りで白いペンキが塗られ、窓の上部には三角窓を取り付け、下部の窓は上げ下げ窓が入っている。塔屋は昭和の戦後に増設されたものである。しかし、当時の簡素な擬洋風建築の特徴がよく表れている。

木造ではあるが維持管理さえ十分なされれば存続し、１３０年以上もの間、地域のシンボル的な建物として親しまれ続けている。

所在地　高梁市柿木町26　岡山県指定史跡

③　日本基督教団天城教会教会堂

この建物は前述と同じ教団によるもので、高梁教会堂とは一年遅れて明治

23年（１８９０）に木造で完成している。日本基督教団は、岡山で早くから伝導をはじめている。同志社創立者である新島襄が明治13年に高梁を訪れ、伝道活動を行い多くの信者を集めたことなどによって広がっていった背景がある。

建物は、シンプルで規模も小さな教会堂である。屋根の切妻破風板のデザイン、尖がった窓のデザイン、壁の収まり、軒蛇腹のデザインなど、ほとんど高梁教会堂と同じであることが判る。また室内の教壇の周りもシンプルで、柱頭のデザインも高梁と類似している。このことから設計者は高梁教会堂と同じ吉田伊平と言える。

所在地　倉敷市藤戸町天城１４４　岡山県指定史跡

日本基督教団天城教会教会堂

④　日本基督教団笠岡教会教会堂

これも上記のものと同じ教団の教会堂である。明治26年（1893）に完成している。外観としては塔屋部分が目につき、安定した三角形の形状を意識して設計されている。両端に切妻のペディメントと中央に搭状の鐘楼を載せ、しかも鐘楼を45度回転させるという手の込んだ表現である。安定した外観ではあるが大きな変化も取り入れ、天に向かう教会堂を強調している。

一階と二階上部には美しい軒蛇腹が見られ、窓は端正に取り付けられ、窓の上部には三角形のペディメントが付けられている。また窓には、両開きの鎧戸（ガラリ戸）が付けられ、二階のベランダにはルネサンス様式

日本基督教団笠岡教会教会堂

に見られる徳利型の手摺が見られる。そして、壁の端部には縦に隅石のデザインを取り入れている。左右対称で均整がとれルネサンス様式を取り入れた美しい擬洋風建築と言える。設計者は浅野富平と小林芳太郎といわれ、大工仕事は小林芳太郎が対応したとの記載がある。同じ会派の教会堂ではあるが、高梁教会堂と天城教会堂との佇まいの違いがよくわかる。

所在地　笠岡市中央町23

〈学校建築〉

① 岡山県津山中学校本館　現・岡山県立津山高等学校本館

明治33年にこの建物は建てられている。本館校舎は左右対称で、均整の取れた整然とした美しさを放っている。中央の桟瓦葺寄棟の上部にドーマーウインドー（屋根窓）が取り付けられ、左右の屋根にも小型の屋根窓が見られる。壁は下見板張りで、窓は上げ下げ窓、正面玄関上部に位置する窓のみ上部に三角形のペディメントが見られ、左右の窓には円弧状のペディメントが取り付けられている。屋根の軒下には美しいアーチ状の方杖も見られる。ルネサンス様式を木造で表現した美しい擬洋風建築である。岡山県の担当者は不明であるが、当時の文部省には江川三郎八に講習した久留正道が在職しており、久留正道による「学校建築図説明及設計大要」が明治28年4月に文部大臣官房会計課（担当建築掛）から発刊されている。このような資料に基づき、建築計画、設計に関する指導がなされたものと考えている。

所在地　津山市椿高下62　国指定重要文化財

② 高梁尋常高等小学校本館　現・高梁市郷土資料館

明治37年（1904）3月に完成している。江川は35年に来岡しているが、この学校建築の設計者は地元高梁在住の大工妹尾友太郎によるもので、工事請負は大工棟梁真柴武右衛門との記載が建物の棟札（建物の完成時に完成年

岡山県津山中学校本館

高梁尋常高等小学校本館

月日、施主・設計者・施工者等の名前を墨書した細長い板。屋根裏の棟木に取り付けられることが多い）に示されている。建物の建設経緯等を知るには貴重な資料であり、私も古建築を調査する時には、まず所有者・管理者にこの所在を確認している。

建物の特徴は正面玄関に取り付けられた車寄せのデザインである。全体のバランスから言うと少しうねった屋根が大きく目につき、屋根形状が特異である。本体の屋根は、寄棟造で桟瓦が葺かれ比較的シンプルな切妻形状のドーマーウインドーがバランスよく対に並び、その破風板にも手の込んだ繰形が施されている。窓は一階の端部を除けば対称形で美しい佇まいを呈している。外壁は、構造柱をそのまま見せ一階、二階とも腰部分は縦羽目板張り、腰より上部は横羽目板（下見板）張りでペンキ塗装がなされている。基礎廻りには花崗岩の切り石が端正に並び積み上げられている。

所在地　高梁市向町21

〈庁舎等の建築〉

①　牛窓警察署本館　現・牛窓海遊館

牛窓は歴史の中では、江戸時代に参勤交代や朝鮮通信使が立ち寄る港町として栄えた所である。この警察署は明治20年（1887）に建てられ、木造平屋建で桟瓦葺、壁は漆喰モルタルで仕上げられていた。正面玄関の車寄せ部分の繊細なデザインが特徴的で、切妻によるペディメント、軒蛇腹、柱は角柱で縦溝（フルーティング）が彫り込まれ、西洋の柱に見られる柱頭デザインが施されている。玄関戸の上部は半円形、左右の窓上部はステンドグラスの入ったゴシック風の尖頭窓となっている。窓枠周りのデザインも凝っている。また、一部の壁の端部には、擬石による隅石が施されている。設計は岡山出身の官僚で実業家であった香川真一によるもので、彼は明治4年、岩倉具視に随行して欧米視察を行った人物でもある。

所在地　瀬戸内市牛窓町牛窓3056　登録有形文化財

牛窓警察署本館

吉川村役場

② 吉川村役場　現・吉川歴史民俗資料館

明治27年（1894）に、当時の町長であった吉川温が計画し、大工棟梁の田村槌太郎が建築した村役場である。正面の玄関先に車寄せがあり、規模は小さいが落ち着いた佇まいを呈している。古写真からこの車寄せの上部のバルコニーは、当初は手摺ではなく腰壁であったことが判明している。また、車寄せ上部の曲面の添え壁も当初は柱のみの姿であった。屋根は入母屋で緩いむくりが付けられ、釉薬赤瓦が葺かれている。軒蛇腹の意匠も見られ、大壁の四隅には石材ではなく左官仕事による擬石の隅石が取り付けられている。窓は、上げ下げ窓で、窓台廻りの意匠も特異である。基礎の立ち上がり部分も擬石で左官技術によって石造のよう見せている。

県内に現存する最古の役場建築である。

所在地　加賀郡吉備中央町吉川840

③　三野浄水場　現・岡山市水道記念館

明治20年に、近代における上水道が横浜市で初めて完成した。岡山市の上水道は、全国で八番目の都市として早期に完成している。この三野浄水場は、明治36年（１８９３）から明治38年にかけて造られ、平屋建で本体は煉瓦造、寄棟の屋根は木造トラス構造が採用され、瓦葺である。中央には切妻で破風飾りのある車寄せがあり、本体の屋根部分には上部が欠けたブロウクンペディメントが取り付けられ、正面玄関を強調している。また、連続した窓上部はアーチ形状で美しく表現されている。設計は明治18年に工部大学校土木工学科を卒業した吉村長策と言われている。

当時の煉瓦造としては、明治22年以降に増設、建築された倉敷紡績株式会社倉敷本社工場がある。この建物も現在は用途が変わり、大規模な改修が行われ倉敷アイビースクエアとして蘇っている。

三野浄水場（岡山市水道局蔵）

陸軍第17師団岡山偕行社

④　陸軍第十七師団岡山偕行社　現・岡山県総合グラウンドクラブ

この建物は二度の移転を余儀なくされ、現在の場所に移設された経緯がある。しかし、当時の建築が忠実に再現され、上手く蘇った建物である。明治43年（1910）に建築され、木造二階建て瓦屋根の建物で、将校たちの社交施設として使われていた。外観はルネサンス後期の様式を踏まえており、左右対称で玄関車寄せには、イオニア式の柱頭飾りのある丸柱と平柱を併設している。二階のバルコニーには徳利型の手摺が取り付けられ、窓の上部には緩いダブルアーチ式のペディメントが乗っている。そして、さらにその上部の屋根部には大きな半円形のペディメントが取り付けられ、正面玄関を強く印象付けている。また、突出した階段室の左右の棟の上部には三角形のペディメントが座り、丸窓が取り付けられ、安定した姿を現している。壁は横羽目板張りでペンキ仕上げであるが、西洋建築に近づいた端正で美しい擬洋風建築と言える。

所在地　岡山市北区いずみ町2―1―5　登録有形文化財

その4

江川三郎八による擬洋風建築の特徴

それでは江川三郎八が岡山県内で表現した特色ある建築デザインについて紹介しよう。ここでは、江川が考え出した擬洋風建築のスタイルを、江川自身が用いた「江川式」と表現する。

擬洋風建築は、明治の初期に山梨県で多くの本格的な擬洋風建築が広まった。そのデザインを推奨したのが、当時の権令（現在の県知事）であった藤村紫朗という人物であった。昭和の時代になって「藤村式」と名付けられたと東京大学名誉教授の藤森照信先生の著書に見られている。個人の名前がついた建築様式はこのほかにはないとの記述はあるが、「江川式」の表記は、岡山県下に見られる特色ある多くの擬洋風建築の様式として、相応しいものと考えている。

江川式の特色ある様式について、建物部位ごとに述べる。江川三郎八が関与したすべての建物の部位に見られるものではないが、江川式を見つけ出す大きな手掛かりになる。

① 屋根

・屋根の全体の形状では、寄棟造が多くみられる。
・屋根のバランスが良く、美しく整然とした形状が多い。
・屋根の中央部、もしくは左右対称の位置に切妻形式のペディメントを配している。
・むくった大屋根形状が見られる。むくり屋根とは、緩やかに曲面を描く屋根の形をいう。
・日本では見られなかったドーマーウインドーを取り付ける。ドーマー窓は、西洋では屋根裏部屋の明り取りや換気用につくられた窓である。屋根窓と

むくりのある大屋根・棟飾り・ドーマーウインドー

ドーマーウインドー

もいわれるが、日本のように雨風の多い国では見られなかった。取り付けられたこれらの窓は実際には意匠として用いられ開閉されることはなく、その部分に固有の文様や鏝絵を入れているものも見られている。しかし、雨漏り等の原因となり改修工事等で取り除かれた建物もある。

・屋根の最上部に単なる熨斗瓦（棟に被せる瓦で、丸瓦が多い）ではなく、水平を意識した棟飾りを載せる。これは、かやぶき屋根の棟に様々な被せ材を載せる手法を単純化し、美しく屋根の稜線を強調し、伸びやかさを表現させている。

・屋根の中央部に屋根帽子をかぶせる。寄棟屋根などで棟の長さが短い屋根の頂上部に、帽子をかぶせるように載せた独特の建築意匠。建物の中央の上部に乗っかり愛嬌のあるデザインもある。

・屋根の軒裏（屋根の庇部分の見返り部）は水平な板を張って隠し、日本の伝統的な木造建築の形である垂木（屋根の重さを支える材料でほぼ45㎝間隔に配された部材）を見せない。

② 壁

・窓の上部にハーフティンバーを用いた壁が江川式では多く見られる。ハーフティンバーの壁は、西洋ではイギリスやドイツ、フランス、スイスなどの木造住宅の壁に多く見られる。江川は、構造強度のことも考え施工は面倒ではあるが×印の部材を木造で入れている。これまでの日本の大工技術では、ほとんど使われなかった。しかし、今日の木造住宅では、耐震用に柱と柱の間に斜め材として筋交いと言われるものが壁の中にあり見えない部分であるが設置されている。

・室内の鴨居の位置、もしくは窓の最上部の位置まで、外壁の材料として板壁が用いられている。板の張り方は、窓の下部、または腰部（人の腰骨の位置くらい）より下の部分には縦に張る羽目板張りで、上部は水平に張る下見板張りを用いている。この張り方は、雨の多い日本の気候を考えたもので、庇によって雨の当たりにくい部分は水平に張り、庇では補えない雨

基礎石・板壁・×字のハーフティンバー

玄関入り口の金槌形頬杖・上部切妻形のペディメント

が多く当たる下部は縦に張っている。デザイン的にも変化があり美しい。雨水をできるだけ建物から避ける手法で理にかなっている。これに白ペンキなどを塗って西洋式に見せようとしている。

・板壁の上部には、白漆喰を塗って仕上げる手法もよく見られている。これも理にかなっている。それは、漆喰部分は建物の高い位置にあり、屋根庇で雨風による劣化を少しでも防ぐことができるからである。また、白色の表現によって建物に軽やかさが与えられる。一方、雨が最もよく当たる下部の縦羽目板部分は雨を流し腐りやすいが、地上で簡単に取りえ等の修繕ができ、維持管理も考えた建築意匠と言える。

③　玄関廻りと窓

・正面に玄関が配され、左右対称で美しくバランスを考えた建物が多い。

・特異な入口飾りが見られる。玄関入り口の上部にかけて円形に縁どった木による造形で、その円弧を安定させるため金槌の柄のようにも見える添え木を配している。この造形はあまり目にすることがなく、江川式に見られる大きな特色でもある。

・高窓の配置。日本の和風住宅の客間などには欄間がかつては見られていた。空気の通気をよくして美しさも添えるもので、彫り込まれた絵柄には山紫水明のものが多く見られた。江川式の建築では、外回りの窓の上にもう一段窓幅と同じ幅の小窓をつけ、外からの採光と換気を考えたものが多く見られている。使い手の室内環境を考えた造形と言える。

④　基礎の足回り

・花崗岩による延石やレンガによる基礎で、しっかりとした納まりがよく見られる。橋梁を設計した人物なので、基礎廻りについては的確に設計し、厳格に施工させている。

⑤　八角形を用いた造形

・江川式の建築作品に、八角形にこだわった部屋、立面構成が多く見られている。

以上の項目が簡単に外から建物の全景を眺めて、江川三郎八が関与した建物ではないかと想定できる特徴・特色である。

その5

八角形へのこだわり

江川三郎八の名前を広めることになった建物は、旭東尋常小学校附属幼稚園園舎（明治41年）である。平成19年に国から貴重な建物であることが認められ、国指定の重要文化財となった。

前述したが、私が最初に出会った江川三郎八の建物がこの建物であり、八角形の遊戯室を中央に持つ幼稚園舎は見たことがなかった。建築計画の発想には驚かされた。刑務所の設計で、放射状に牢獄を配置した建物は知っていた。中央に監視塔があり、外部のすべての状況が監視できる建物である。

ところで、この八角形を建築の計画から考えると、八角形の辺を一つ飛ばしに部屋として伸ばして造ると、すべての部屋に太陽からの光を取り入れることができ、ある程度干渉されることなく教室を配置できる。また、中央近くに職員室を設けることで園児への対応もやりやすい。園児にとっても楽しい思い出の残る八角形の遊戯室の空間であり、その発想には驚かされた。この建物の詳細については、次章で述べたい。

それでは、なぜ江川三郎八が八角形にこだわりを持つことになったのか考えてみたい。それは、第一章でも述べたが、江川三郎八は三男で、長男は平六といい早世し、次男が次郎八。父からもらった名前の「八」に幼いころからこだわりを持ったことには違いない。明治6年13歳の時に大工の道に入るが、後に四角い部屋ではなく、大工の腕試しとして幾何学的な造形に憧れがあったと考えている。八角形は四角形を45度回転させれば形が生まれる。このことから大工仕事として多角形の中では挑戦しやすい形でもある。奈良時代に造られた八角形の法隆寺東院夢殿は、明治期に文化財としての指定がなされている。

また、江川が生まれた会津若松には会津さざえ堂という六角形の平面を持った仏塔があり、現在は国指定重要文化財になっている。この建物は、上

法隆寺東院夢殿『日本建築史圖集』より転載

さざえ堂

がりと下りの二重らせん階段を備えた奇抜な仏塔でもある。しかも、この建物は江川家にとっても関連の深かった白虎隊の墓所近くにあり、若き江川が大工修業した棟梁山岸喜右衛門の手によって修繕等が行われていたことも判ってきた。江川は、この建物の造形にも驚き眺めていたことと思っている。

そして、江川が福島県に臨時職として最初に建築工事の担当とされた建物の一つが福島県尋常中学校であった。この本館建物の突出した正面玄関には、二階建てでベランダがあり八角形を用いた形状であった。

また、当時の東北地方には、明治の早い時期から西洋の建物にも見られる八角形の形状を用いた建物が数多く建てられている。具体的に代表的なものを紹介すると、明治7年に岩手県に建てられた旧岩谷堂共立病院（県指定有形文化財）の三階部は八角形の塔屋であった。明治11年の山形市の旧済生館本館（国指定重要文化財）は、三層楼ともいわれ一階が八角形、二階は十六角形、そして三階は八角形という大変奇抜な様相を見せている。そして、明

旧済生館本館(三層楼)
(『近代建築史圖集』より転載)

興福寺北円堂(『日本建築史圖集』より転載)

治13年には宮城県の旧石巻ハリストス正教会教会堂で、正面に2階建ての八角形の形状を用いた部屋のある教会堂が建てられている。更に、明治16年には、新潟県議会旧議事堂（国指定重要文化財）の正面玄関上部に八角形の塔屋が載せられ、幾何学的な造形に関心のある大工達にとっても注目を集めていた。

江川が岡山転任を命じられた時、京都駅からわざわざ関西線に乗り奈良市に立ち寄り、興福寺等を視察している。この興福寺には整然とした美しさを放つ八角形の北円堂と南円堂があり、これらを視察している。このようなことからも八角形という形にこだわりを持っていたことが窺える。

ところが岡山に赴任して、さらに驚かされた建物が目に入った。それは彼が後に担当することになる岡山県会議事堂（1909）の建設用地に、高さが20メートルを超えたであろう八角七層の集成閣（1892・図は山本よしふみ氏制作）と言われる展望施設が存在していたことである。これには驚かされたと思う。岡山に来た折には、この一帯は亜公園（後楽園に次ぐ公園の意）

岡山県庁（『写真集 岡山県民の明治大正』より転載）

亜公園　集成閣

亜公園全景（山本よしふみ氏制作）

岡山警察署･右上に集成閣
（『写真集 岡山県民の明治大正』より転載）

岡山県立戦捷記念図書館（『写真集 岡山県民の明治大正』より転載）

と呼ばれ遊興施設が建ち並んでいたが、経営上のことから閉園されていた（山本よしふみ氏の研究による）。しかし、後に、この集成閣があった亜公園一帯が県有地となった。道を挟んだ北側には、既に明治12年（１８７９）に岡山県庁舎が建築されており、このあたり一帯が岡山県の行政における中心地区として発展した歴史がある。

最初にこの旧亜公園の敷地の一角に、八角形の一部を正面にした岡山警察署が明治38年（１９０５）に建設された。そして更に明治41年（１９０８）に、日露戦争の勝利を記念して八角形をした岡山県立戦捷記念図書館も、明治41年（１９０８）に建築されている。

これらの八角形を採用した建物は、外観上の特徴から江川三郎八の「江川式」によるものであり、岡山における彼の初期の建築であるといえる。

ところで、現在この敷地には、ＲＳＫ山陽放送株式会社本社（岡山市北区天神町）の建物が令和２年に建築された。

第四章

岡山に残る江川三郎八による建物

勝田郡役所庁舎

岡山県下には、江川三郎八がかかわった多くの擬洋風建築が建っていたが、時代の流れの中で近代化に向けての建て替えが行われ、多くの建物は姿を消してしまった。この章では、江川がかかわった寺社建築等は除き、現在も残っている「江川式」の建物を取り上げる。中には、見学可能なものもあり事前確認の上、機会があれば訪れていただきたい。

その1

素晴らしい仕事である証

江川三郎八が岡山県において設計した建物で、国指定となった重要文化財は2件ある。岡山県内には、令和3年時点で、建造物では57件（内国宝2件）指定されているが、多くのものは江戸期以前の社寺建築もしくは住宅建築であり、明治以降の近代建築では4件（内1件は水利関連施設）しか選定されていない。そのうちの2件であることから、江川が携わった建物の評価の高さがわかる。

国指定重要文化財の建物は、国民的な文化財産としての位置づけであり、日本の歴史、文化を伝えるに相応しいものとして指定されている。近年、建物の文化財は、より親しみを持ってもらうことを念頭に、地域の知的観光の中心的な存在として広く活用する流れがある。文化財の活用は、地域の再生、発展にもつながるものである。

また、平成8年から文化財として保存及び活用する価値のある文化財建造物を，登録有形文化財として文部科学大臣が登録する制度も生まれている。

それでは、国指定重要文化財の遷喬尋常小学校と旭東尋常小学校付属幼稚園園舎の建物が生まれた背景と見どころ・特徴等について述べてみよう。

⑴　遷喬尋常小学校校舎　明治40年（1907）　国指定重要文化財

私は近代における日本の学校建築で、最も美しい建物の一つとして評価している。

遷喬尋常小学校は、明治40年（1907）に完成したが、工事に2年間を要し当時の町予算の約2・7倍（一万八千円）をかけたと言われている。

建設経緯であるが、江川が岡山に赴任（明治35年9月）した折には、岡山県津山中学校本館（現・岡山県立津山高等学校本館・国指定重要文化財）は明治

遷喬尋常小学校校舎

遷喬尋常小学校講堂折上げ天井

33年に建てられており、ルネサンス様式を取り入れた美しい学校建築が姿を現していた。ところが、江川は赴任した年に、この津山中学校の年度内増築工事を担当している。岡山に来た当初から津山中学校をよく知っていたことになる。

江川は、この建物のデザインを超えることを念頭に置いて、ルネサンス風の遷喬尋常小学校を設計したのではないかと考えられる。これまでの江川の擬洋風による作風を踏まえつつも、より西洋建築に近づけ、均整の取れた美しい姿での表現を試みている。県北の人々にとっては、身近に見られる美しい洋風建築の学校が二校建設されたことになり、子供たちの教育に力を入れる地域の人々の誇りであり、自慢であったことと思う。

現在この建物は、国道沿いから全景を見渡すことができ、左右対称の均整がとれた美しい姿が目に留まる。近寄って眺めると、寄棟の大屋根の最上部には棟飾りが目に付き、最上部を引き締めている。天然スレート葺の屋根の中央には、ドーマーウインドーが乗り、そこにはかつて舟運で栄えた高瀬舟をデザインした文様が入っている。正面の少しせり出た対となった切妻部は、建物に安定感を与え、上部には換気用のガラリ窓がバランスよく取り付けられている。壁には、窓下部に縦羽目板張り、上部は水平の下見板張り、そしてその上部には×印のハーフティンバーの斜め材がリズミカルに配置され、二階上部の壁は白漆喰塗りで軽やかさも表現されている。

左右に翼を優雅に広げたようにも思える教室棟の外観は、建物正面部の壁のデザインを踏襲している。

正面中央部の二階には講堂が設けられており、天井には手の込んだ二重の折上げ格子天井が見られ、日本の伝統様式を用いた優雅な美しさも表現している。左右に伸びた各階の教室は、天井までの高窓が取り付けられ、明るく換気機能のある教室が造られた。

建物は、受付を済ませば自由に見学ができる。

所在地　真庭市鍋屋17―1

(2) 旭東尋常小学校附属幼稚園園舎　明治41年（1908）国指定重要文化財

この建物は、敷地の移転によって江川三郎八の設計による旭東尋常小学校（明治41年）と共に建設された経緯がある。現在の建物は、岡山市立中央図書館に隣接する敷地に保存移築され、子供たちが自由に出入りのできる施設として蘇っている。

八角形の遊戯室を持つ幼稚園舎が、日本で最初に造られたのが岡山であったと言われている。江川の八角形へのこだわりについては、三章で述べたが、八角形を最初に岡山で手掛けた建物は、旧亜公園の敷地の一角に建てられた岡山警察署（明治38年）で、八角形の一部を建物の正面に用いている。また、隣接して明治41年（1908）には、八角形の岡山県立戦捷記念図書館が建築された。この旭東尋常小学校附属幼稚園園舎も明治41年に完成しており、戦捷記念図書館とは設計時期が重なっていることが想定できる。

岡山県内には、この八角園舎の形状が各地の幼稚園舎に伝搬していった歴

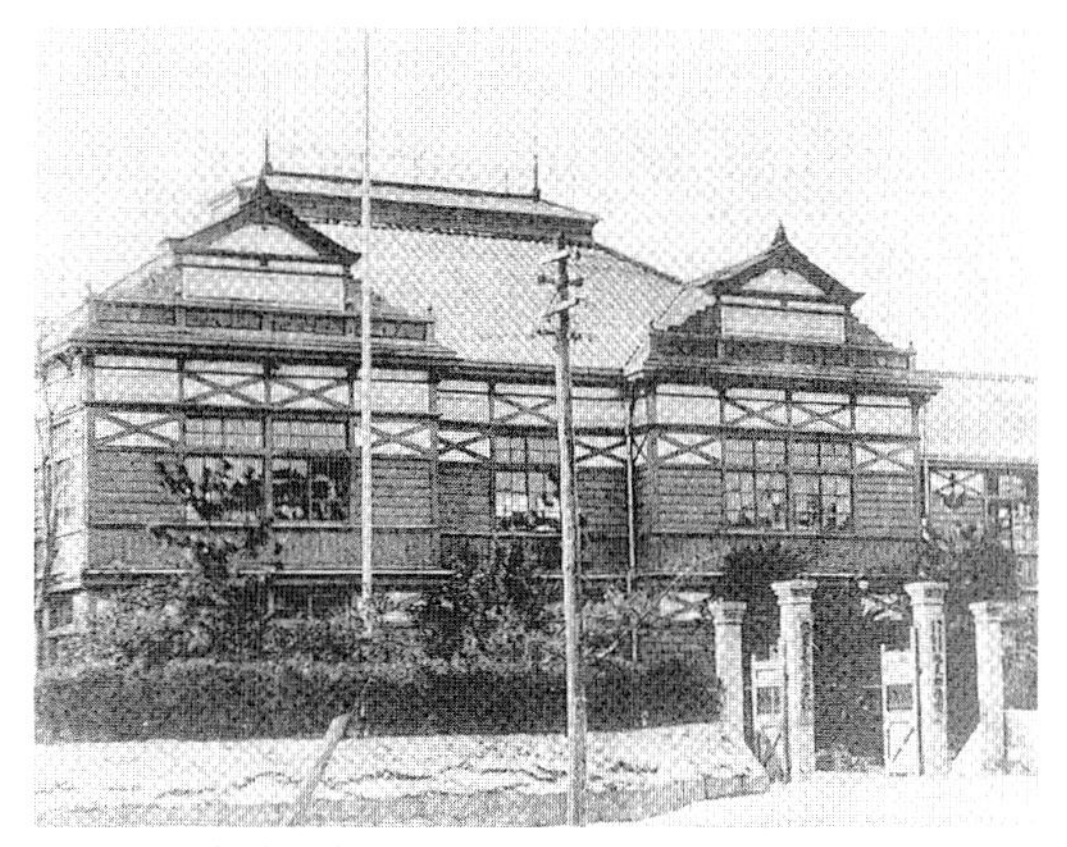

旭東尋常小学校（岡山市立旭東小学校蔵）

旭東尋常小学校附属幼稚園園舎

史がある。現在判明している八角形を基本とした遊戯室を持つ園舎としては、清輝尋常小学校附属幼稚園（明治43年）、井原幼稚園（大正3年）、倉敷幼稚園（大正4年・後述）、岡山県女子師範学校附属幼稚園（大正11年）、深柢尋常高等小学校附属幼稚園（大正13年）、天城小学校附属幼稚園（昭和3年・薬師寺主計設計）、総社尋常小学校附属幼稚園（昭和10年）と広がっていった。江川の直接的関与については、倉敷幼稚園舎までと考えられる。

これらの建物については、遊戯室と保育室との程よい分離による保育活動の確保、管理体制の取りやすさ等が考えられるが、八角形もしくは八角形の一部を遊戯室の計画に用い続けたことには、子供たちへの空間構成に対する教育的な効果を教育者たちも受け入れ、継承されたのではないかと考えている。なお、明治43年に造られた清輝尋常小学校附属幼稚園（戦災で焼失）の八角園舎は、旭東とほぼ同じ建築形態であったことが判明した。

それでは、旭東尋常小学校附属幼稚園園舎の建物を紹介しよう。

旭東尋常小学校附属幼稚園遊戯室

井原幼稚園（『写真集 岡山県民の明治大正』より転載）

外観でまず目に入るのは、八角形の大屋根の中央に帽子のように被さる棟飾りである。見たことのない屋根帽子に、子供達も喜び楽しんだことだろう。この屋根の端部から切妻屋根による保育室が配置されている。壁に注目すると、下部の基礎は花崗岩（万成石）の延石が二段積で整然と並び、鋳鉄製の床下換気口が均等に配されている。基礎の上部は窓下まで縦羽目板張りで、その上部は欄間窓まで下見板張りである。そして欄間窓の位置に×印のハーフティンバーが取り付けられている。欄間窓からの採光、換気は室内環境にふさわしい計画である。

遊戯室内は、傘を広げて見上げるような空間で、中央に八角形の断面を持つ心柱が立っている。遊戯をする子供たちにとっては、のびのびとした室内環境が与えられている。二年後の清輝尋常小学校附属幼稚園園舎の遊戯室は、少し規模を縮小し、心柱を取り去り児童の使い易さをより向上させていた。

ところで、この建築計画の欠点は、保育室への出入り口にある。平面図を

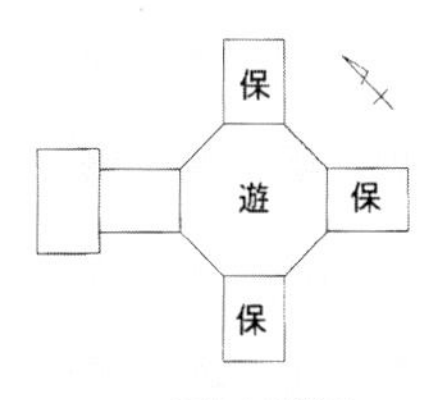

旧旭東幼稚園
明治４１年

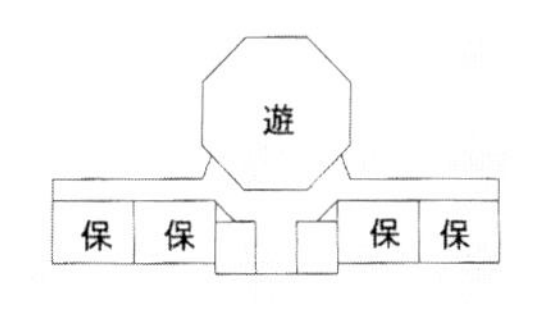

旧倉敷幼稚園
大正４年

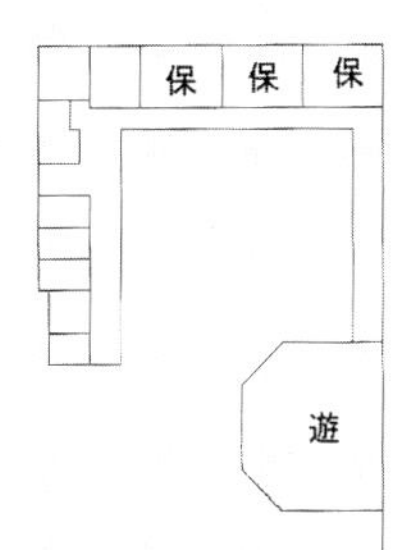

岡山県女子師範学校
附属幼稚園
大正１１年

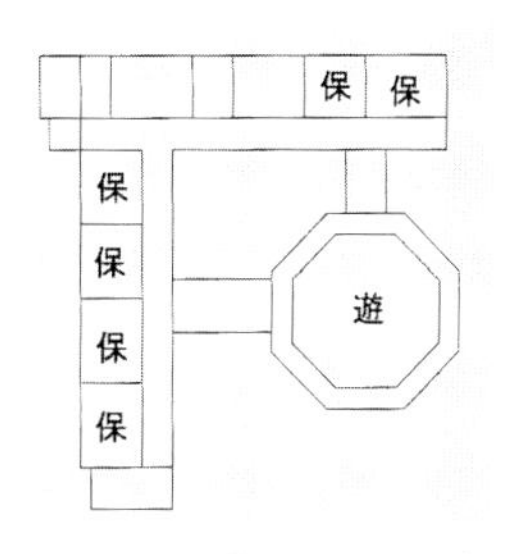

旧深柢幼稚園
大正１３年

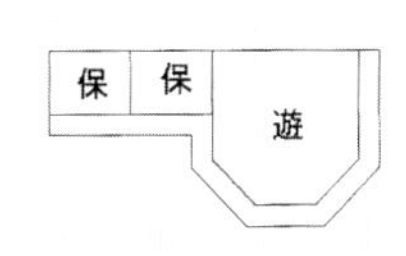

天城小学校附属幼稚園
昭和３年

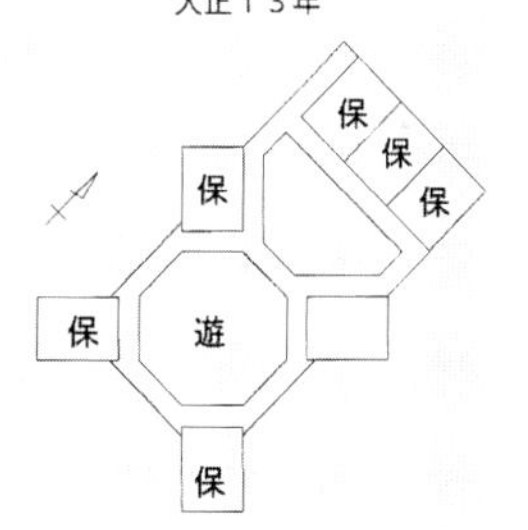

総社尋常小学校付設幼稚園
昭和１０年

八角園舎の変遷（皆木國義氏制作）

見ると、出入り口が遊戯室に直結しており、子供たちの移動から考えると遊戯室が廊下替わりともなり、音の問題も含めて保育上の問題点が指摘できる。このことから、遊戯室に保育室が直結する計画はなくなり、保育室を廊下でつなぐ計画へと変更になっている。また、放射状の保育室配置（梅鉢型平面と言われる）は、敷地の条件等によって直線状あるいは鍵型形状へと変更になった経緯がある。

しかし、八角形の遊戯室は子供たちに発想を高める楽しい空間を与えたことに違いない。幼稚園舎の建築計画における歴史的価値は高い。

所在地　岡山市北区二日市町56

その2

「江川式」擬洋風建築の広がり

岡山県内には、20世紀の初頭からこれまで見られなかった個性ある擬洋風建築が、公共建築を中心に出現していった。それはとりもなおさず、県技術職員となった江川三郎八の存在であった。江川は、福島県庁時代に「江川式」の建築様式をつくり出していた。

福島県庁退職時の明治35年における江川の技術職としての役職上の立ち位置は、職員録から考察すると技師である林頼二郎課長に直属する20名の技手の中で、三番技手の立ち位置であった。課内における発言力も相当あったと考えられる。

岡山に着任した翌年の明治36年（１９０３）の岡山県職員録では、林課長に直属の技手は23名で、江川は二番技手に位置していた。一番技手との等級は同じであり、建築においては筆頭技手であったと考えられる。すなわち、岡山県内の公共建築について林課長のもとで実質的に統括する立場にあったと言える。その後の人事録で確認すると、明治40年（１９０７）には、林課長は転出し（明治39年職員録では林課長の記載あり・江川は二番技手）、直属上司は技師の桑邱茂部長（課長兼務）のもとで一番技手（工師）となっている。すなわち、明治40年には建築部門の実務を担当する筆頭として業務をこなしていたことが窺える。これ以降、正規退職時の大正３年（１９１４）まで、技師の桑邱茂部長（課長兼務）の下で、筆頭技手（工師）として県内の公共建築物を統括していたことが判ってきた。

このような江川三郎八の立ち位置の中で、県内の公共建築物を中心に江川三郎八が編み出した「江川式」が広まったことが考えられる。

正規退職後は、県吏員（再雇用による下級官）の立場で土木技師（県の職階名）として工師待遇の扱いを受け、大正10年には建築技師（県の職階名・

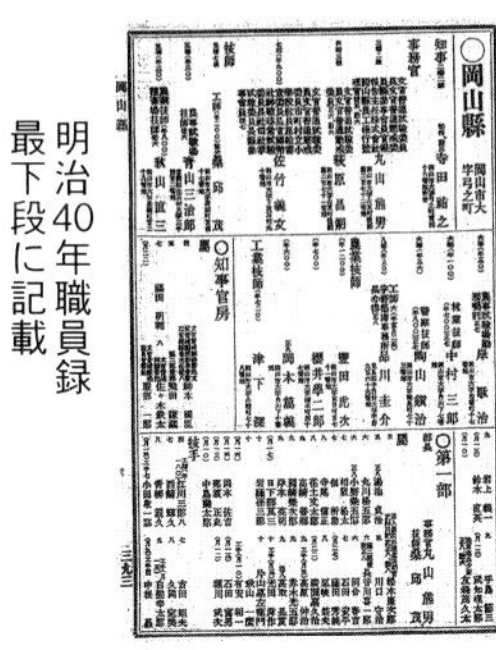
○岡山縣

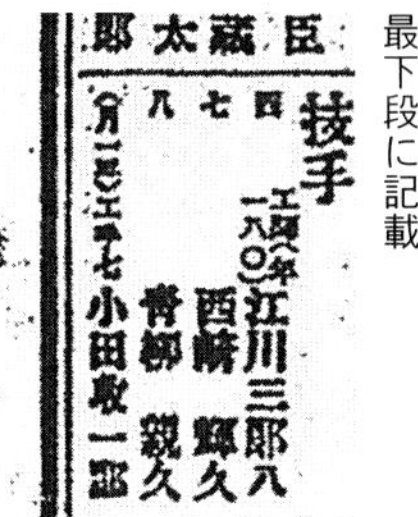
技手
工四（年一八〇〇）江川三郎八
四 西崎輝久
七 青柳親久
八 （月二〇）工手七 小田政一郎

明治40年職員録最下段に記載

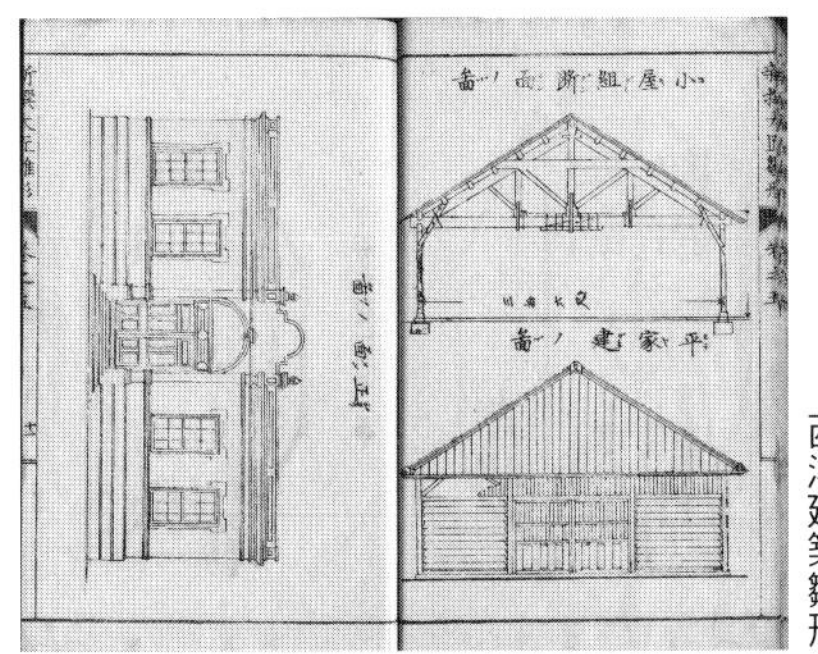

西洋建築雛形

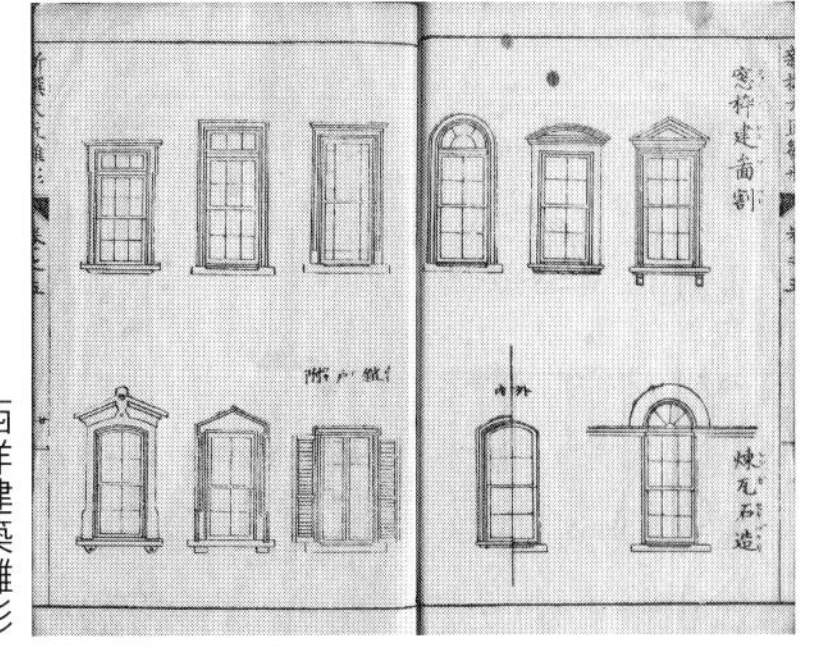

西洋建築雛形

この年から土木と建築の二分野表記に）としての肩書に代わり、最終退職する大正12年（１９２３）まで県吏員では筆頭の立場で業務に対応した。県吏であることから、決定権のない補助的立場での業務対応であったと考えられるが、江川は正規退職時に技師の職階を受け叙勲もされていることから、職域での指導・発言力はあったと考えられる。

ところで、当時の大工に対する擬洋風建築の伝播については、明治30年には「西洋建築雛形」などの書籍が販売されていた。県庁内等での部下たちの指導については、「江川式」の建築図集のようなものが、作成されていたことも考えられる。部下たちは、これらをもとに各自の設計に取り組み江川の承認の後、建物が造られていったのでないだろうか。

「江川式」が、技師である直属上司と部下たちに評価・信頼・支持され、江川の建築様式が広まっていったと考えている。

その3

岡山に残る江川三郎八の建築

江川は、自伝「生ひ立ち之記」の中で多くの公共建築等に携わってきたことを記載しているが、建物の名前については省略個所もあり、担当した全ての建物ついては明示していない。特に設計者の表記については、民間の設計事務所ならば所長の名前になるが、役人としての立場であると、個人名で公表することに難しさが生じることも考えられる。

それでは、現存している建物で、江川が自伝で記載していた擬洋風建築物と、「江川式」の特徴をよく表している建物を年代順に紹介しよう。

(1) 金光中学校講堂　明治37年(1904)

〈現・金光学園中学高等学校記念講堂〉〈登録有形文化財〉

岡山に残る初期における「江川式」の建築要素が随所に見られる。建物は、平屋で規模としては大きくないが、屋根は寄棟、桟瓦葺で、中央に換気のできる円形のドーマーウインドーが取り付けられている。基礎は二段の花崗岩積みで、壁は真壁造り、腰部の窓下までは縦羽目板、窓部分は水平の少し幅のある下見板張りである。欄間窓部分には漆喰壁で×字のハーフティンバーを組み込んでいる。屋根の軒下には半間毎に津山中学に見られる対となった雲形持送を取り付けている。講堂の室内の天井は、和様式による

金光中学校講堂 室内

金光中学校講堂

二重の折上格天井で表現されている。
伝統ある学校の歴史を、この建築が物語っている。昭和31年に保存活用のため校舎の敷地内に移築された。
所在地
浅口市金光町占見新田1350―6
学内のため一般の見学は許可要

(2) 関谷中学校本館

明治38年（1905）
（私立関谷中学校本館　現・関谷学校資料館）
〈登録有形文化財〉
この建物も岡山において江川三郎八が

関谷中学校本館玄関

関谷中学校本館

設計した初期の学校建築である。自伝にも名称は記載され、「江川式」の特徴が随所に見られる。閑谷学校は、江戸前期に岡山藩主池田光政によって庶民のための学問所として創設された。明治以降の近代教育の中で私立閑谷中学校本館として、国宝の閑谷学校講堂がある敷地の西端部（学房跡）に建設された。

建物は、コの字型の平面計画がなされ、左右対称で均整がとれている。中央正面の玄関入り口には、金槌の形に似た添え木が見られ、上部にはペディメントが取り付けられている。建物の基礎部は花崗岩の延石二段組で、この延石を刳り貫いた円弧状の床下換気口が設けられている。手が込んでいる。壁は真壁造りで窓下までは縦羽目板、窓部分は下見板張りである。そして、一階の欄間窓部分に×字のハーフティンバーが取り付けられ、この部分の壁部は白漆喰塗りである。更に、その上部には胴蛇腹が廻っている。屋根は寄棟桟瓦葺で、棟の端部には、四角錘の鬼瓦が見られる。見学は可能。

所在他　備前市閑谷７８４

(3) 土居銀行津山支店

明治42年（1909）

（現・作州民芸館）〈登録有形文化財〉

津山の素封家で元県会議員であった土居通信によって設立された銀行であった。当時は、民間の建築に対して、行政の高度な技術を伝える目的で嘱託として兼務することは許されていた。県北の久世町で遷喬尋常小学校（明治40年）の建物も完成しており、江川が繋がりの中で依頼を受けたことも考えられる。江川が自伝に明記した建築作品である。この地区は、令和2年に津山市城西伝統的建造

土居銀行津山支店

正面玄関廻り

物群保存地区に選定された。

建物は木造であるが、銀行という建物用途から安全安心感を高めるため、石造を強く意識した表現がなされている。道路面から眺めると、左右対称の造形が強く目につき、総二階の建物の正面玄関周りの表現はとても手の込んだものである。1階の玄関外壁にはローマ建築様式のトスカナ式と言われる付け柱が取り付けられ、上部にはアーチ状の入り口に連なる造形が試みられている。また、2階には、イオニア式の付け柱が屋根庇を支え、その上部に櫛型ペディメントが乗っている。左右の2階上部の妻面の装飾(メダイヨン)も華麗な表情を見せ、石造に近づける荘厳さを大工・左官技術で表現している。なお、現在の外観デザインは、大正期に改修されたもので、当初の姿から大きく変容し、これまでの擬洋風からの脱却を試みている。江川の公共建築の建築様式では、見られないデザインである。見学は可能。

所在地　津山市西今町18

(4) 吹屋尋常高等小学校本館

明治42年（1909）

〈県指定重要文化財〉

山間地の学校であるが、この地は明治末から大正初期にかけて、日本三大銅山の一つとして栄え、弁柄生産地でもあり多くの人々が暮らしていた。繁栄した集落は、学校に近く、現在は吹屋伝統的建造物群保存地区として保存活用されている。この小学校は、平成24年3月で閉校となった。視察に行くたびに、正面玄関の横に設置されていた子供たちの下足数が十数足からどんどん減りつつあったことを思い出す。

吹屋尋常高等小学校

江川が担当したのは中央部の本館建物で、左右の棟は明治33年に完成している。建物は、左右対称で、どっしりとした風格を備えている。当初は中央の屋根に遷喬尋常小学校に似たドーマーウインドーが取り付けられていた。また、玄関入り口部も、当初は突出せず、壁と同一面であった。屋根は寄棟、桟瓦葺で、外壁は腰部の窓下までは縦羽目板張り、窓部分は水平の下見板張りである。張り出した正面の二階欄間窓部分のみにハーフティンバーが取り付けられている。一階の室内には、幅が三間ある廊下が造られ、雨天時の室内体操場として いた。二階の中央部は講堂で、二重の折上げ竿縁天井が見られる。

所在地　高梁市成羽町吹屋１２９０—１

(5) 赤坂尋常高等小学校校舎　明治43年（１９１０）〈登録有形文化財〉

この建物は、当初、久米郡久米南町里方に建築され、昭和2年に誕生寺尋常高等小学校と名称変更された。そして、その後、昭和48年に当地に学校としてではなく民間教育施設として、本館のみ移築された経緯がある（左側の平家は後の増築）。

本館の規模は小さいが、「江川式」の様式がよく確認できる。基礎は延石と煉瓦を併用している。1階は、窓下までは縦羽目板張りで、その上部は下見板張りである。2階部分も同じ仕様であるが、2階の窓上部の欄間窓部には×印のハーフティンバーが取り付けられている。屋根は寄棟、桟瓦葺で鬼瓦に鯱が載り、中央に円形のドーマーウインドーが取り付けられている。また、正面の玄関入り口には、二段になった木製の金槌形の装飾が組み込まれている。

見学は不可。建物の外観は近くから眺められる。

所在地　赤磐市馬屋字上山1434—1

赤坂尋常高等小学校校舎

(6) 総社警察署　明治43年（1910）

（現・総社市まちかど郷土館）

〈登録有形文化財〉

この警察署は、備中松山に向かう松山街道沿いに面し、備中総社宮の南参道入り口にも位置している。この角地に、八角形の五面を外壁に用いたシンボル性のある建物が建てられている。基礎は、花崗岩の布基礎の上に煉瓦による基礎が積まれ、窓下部は縦羽目板張りで、その上部は下見板張りである。玄関入り口部には採光を兼ねた半円形の櫛型ペディメントが取り付けられている。2階の壁も1階と同様の仕様であるが、左右の欄間窓部分の壁にはハーフティンバーが取り入れられている。なお、八角形の外壁に面する窓は、上げ下げ窓になっており、この二階の室内空間は素晴らしい。

総社警察署

私的なことであるが、総社市の市民会館広場の屋外彫刻物「神が辻」を設置した彫刻家流政之氏の下で、この建物の保存活用を考える一員として参画したことがある。白いペンキ塗装は、流氏の発案であった。現在も建物は、地域おこしとしての一役を担っている。見学可能。

所在地　総社市総社2丁目17―3

(7) 勝田郡役所庁舎　明治45年（1912）〈登録有形文化財〉

この建物については、江川三郎八の自伝には記載されていないが、明治43年には都窪郡役所建築工事設計監督の記載があり、県内の郡役所も多く手掛けている。

建物は木造で正面向かって右は2階建で、左は平家建という非対称の形態をとっている。江川の建築では少ない立面構成である。

特徴は、やはり正面玄関上部の塔屋のデザインである。急勾配の屋根は、四角錐を強調し頂部の屋根は緩い曲面で構成している。手の込んだ造形である。玄関まわりは、すっきりとしたアーチ形状の入り口で表現されている。壁の仕上げは、窓下部は縦羽目板張りで、その上部は下見板張りで同様の手法であるが、ハーフティンバーは1か所しかなく、玄関上部の2階縦羽目板張りの上にたんに意匠として取り付けられている。学校建築では見られない表現手法である。1階玄関の右面の窓形状は、当初は欄間のある窓のみであったが、後に部屋の改造で欄間のない左右の窓が増設されている。建物の落成式には、江川の直属上司あった部長（課長兼務）の桑邱茂が出席している。

この建物は、現在、保存活用に向けての改修工事に取り掛かっている。私は、勝央町からこの建物の保存活用・改修に関する委員長

勝田郡役所庁舎

を委嘱されており、今後も、この建物について調べたい。

所在地　勝田郡勝央町勝間田字上ノ町６３５

(8) 倉敷幼稚園園舎　大正４年（１９１５）

（現・倉敷市歴史民俗資料館）〈登録有形文化財〉

この幼稚園園舎は、現在の倉敷市中央２丁目にあった建物を、昭和56年に倉敷市役所に隣接する敷地へ移転保存された経緯がある。前述した旭東尋常小学校附属幼稚園園舎の発展型であり、「江川式」の手法は見られている。江川は大正３年12月に正規退職するが、再雇用時の大正４年10月に竣工している。旭東園舎との大きな違いは、外壁の欄間窓等の位置にハーフティンバーがないこと、水平の下見板張りが欄間窓の一部まで及んでいる点である。しかし、「江川式」による遊戯室大屋根の棟飾りや、寄棟の水平に伸びた保育室等は対称形を基本に安定した様相を呈している。玄関口は半円アーチの入り口で、切妻の棟にはきんちゃくを形どった棟瓦を載せ、子供たちに愛嬌のある姿を呈している。建築の配置計画では遊戯室を後退させ、両翼の保育室は、片側廊下で繋がっている。中央の奥に位置する八角形の遊戯室内部には、心柱はなく天井の意匠も花びら模様で美しく、楽しい空間を演出している。

所在地　倉敷市西中新田６５５

見学可能

倉敷幼稚園園舎内部

倉敷幼稚園園舎

以上の建築作品を紹介したが、最終退職する大正12年（1923）に勝間田農林学校本館（一時保存されたが現在は解体）が完成している。この建物も「江川式」の様相をよく伝えており、県吏員としての立場であったが、岡山県内に江川式の擬洋風建築が広まっていたことを示している。

現在残る建物は、殆どのものが登録有形文化財以上の登録・指定を受けていることが判って頂けたと思う。江川三郎八が当時の岡山における建築文化を高めていたことが窺われる。

勝間田農林学校本館（『勝間田高校の130年記念誌』より転載）

その4

「江川式」に代わる近代建築の出現

江川三郎八が、最終退職する頃には岡山でも建築家による本格的な西洋建築が建ち始める。昭和になると日本の建築界も西洋の流れをいち早く取り入れ、機械化、工業化が進む中で建物の華美な装飾を排し、合理的で使いやすさを求めるモダニズム建築も姿を現す。岡山では、日本銀行岡山支店（大正11年、長野宇平治設計）、第一合同銀行倉敷支店（大正11年、薬師寺主計設計）、日本基督教団倉敷教会教会堂（大正12年、西村伊作設計）、財団法人若竹の園園舎（大正14年、西村伊作設計）、第一合同銀行本店（昭和2年、薬師寺主計設計）、清心高等女学校（昭和4年、アントニン・レーモンド設計　現・ノートルダム清心女子大学）など、擬洋風に変わる近代建築が姿を現す。岡山で長く続いた擬洋風建築の終焉期が訪れる。

しかし、江川が活躍した岡山県内における明治35年から大正10年代にかけての空白期に、西洋建築に近づける「江川式」の擬洋風建築が広まったことは、岡山における近代建築史の上では特筆されることである。江川三郎八に関連する建物は、評価、信頼、理解等によって県内に広まった。岡山における一時代の建築として高く評価したい。

日本銀行岡山支店

第一合同銀行倉敷支店

清心高等女学校（現・ノートルダム清心女子大学）

□江川三郎八の履歴

万延元（1860）年10月10日　会津藩士の三男として生誕
明治3（1870）年　会津（戊辰）戦争の敗北により青森県へ逃避
明治6（1873）年　廃藩置県により会津に戻る　大工の道に入る
明治20（1887）年　福島県庁に工事補助員（日俸制）臨時職として採用される
明治21（1888）年　福島県庁営繕係に任用（月俸制）正規採用される
明治24（1891）年　福島県技手（技術職の伴任官）に任命される
明治35（1902）年　福島県工手を命じられる
明治35（1902）年9月18日　岡山県技手並びに工手として着任
明治37（1904）年　岡山県工師を命じられる
大正元（1912）年　勲八等瑞宝章叙勲
大正3（1914）年12月5日　岡山県技師高等官八等に任じられる
大正3（1914）年12月24日　正規退職（依願）
大正3（1914）年12月24日　県吏として工師級で再雇用　岡山県土木技師（県の職階）に任じられる
大正9（1920）年　岡山県建築技師（県の職階）に任じられる
大正12（1923）年12月21日　県吏退職　庁内最高齢
昭和4（1929）年　自伝「生ひ立ち之記」を上梓
昭和14（1939）年1月17日　逝去

□参考文献

・江川三郎八『生ひ立ち之記』　私版　１９２９年
・『岡山県の近代化遺産』　岡山県教育委員会　２００５年
・『岡山県の近代和風建築』　岡山県教育委員会　２０１３年
・『岡山市立旭東幼稚園旧園舎復元報告書』　岡山市教育委員会　２０００年
・『高梁市立吹屋小学校校舎調査報告書』　高梁市教育委員会　２００５年
・『旧高梁尋常高等小学校本館調査報告書』　高梁市教育委員会　２０１３年
・『旧勝田郡役所庁舎保存活用計画』　勝央町教育委員会　２０２０年
・近藤豊『明治初期の擬洋風建築の研究』　理工学社　１９９９年
・藤森照信『近代日本の洋風建築　開化篇』　筑摩書房　２０１７年
・清水重敬『日本の美術　擬洋風建築』　至文堂　２００３年
・永井理恵子『近代日本幼稚園建築史研究』　学文社　２００５年
・中力昭『岡山の明治洋風建築』　日本文教出版株式会社　１９７７年
・角田真弓『明治期建築学史』　中央公論美術出版　２０１９年
・皆木國義『私が見つけたブンカザイ』　私版　２０２０年
・上田恭嗣『天皇に選ばれた建築家薬師寺主計』　柏書房　２０１６年

□写真掲載出典

・日本建築学会編『近代建築史圖集』　彰国社　１９７６年
・日本建築学会編『日本建築史圖集』　彰国社　１９７２年
・『写真集　岡山県民の明治大正』　山陽新聞社　１９８７年
・リーフレット「江川三郎八と江川式建築」　江川三郎八研究会　２０１９年

おわりに

江川三郎八にとっては、御家復興が人生における大きな目標であった。かつての藩士としての出世を願い、技術者として国から任ぜられる技師になり、御家復興を果たしたいとの強い思いがあった。そこで、県民のために様々な建物を設計し建設することを心がけ、素晴らしい建築活動を展開した。

定年退職時には、念願であった技師の職階を得ている。会津藩士であれば、重臣にまで上り詰めたことになる。

江川三郎八の建築作品は、国が定めた国指定重要文化財を始めとして、関与した多くの建物が文化財として現在も残っている。これほどまでに文化財として残る仕事を成した建築家は、日本の建築界でも数少ない。私は、江川三郎八の業績から、岡山における最初の建築家として位置づけ、江川三郎八の偉業を称えたい。

著者略歴

上田恭嗣（うえだ やすつぐ）

博士（学術）・一級建築士
1951年 三重県生まれ。2020年 ノートルダム清心女子大学名誉教授。
岡山市景観審議会会長、倉敷市伝統的建造物群等保存審議会委員、
岡山県建築士会副会長、日本建築学会中国支部岡山支所長　他。
主な著書『天皇に選ばれた建築家薬師寺主計』（柏書房）、『大原美術館の誕生』
『アール・デコの建築家薬師寺主計』（山陽新聞社）
『倉敷を見つめる、日本近代の遺産　有隣荘』（大原美術館・共著）他多数。

岡山文庫　324　技師を志した江川三郎八の建築

令和３年10月26日　初版発行

著　者	上田恭嗣
編　集	石井編集事務所書肆亥工房
発行者	荒木裕子
印刷所	株式会社二鶴堂

発行所　岡山市北区伊島町一丁目4-23　日本文教出版株式会社
電話岡山（086）252-3175㈹　振替01210-5-4180（〒700-0016）
http://www.n-bun.com/

ISBN978-4-8212-5324-1

● 岡山県の百科事典

二百万人の **岡山文庫**

○数字は品切れ

- (1). 岡山の植物・西原礼之助
- 2. 岡山の祭と踊・神野力
- (3). 岡山の焼物・桂又三郎
- (4). 岡山の古墳・鎌木義昌
- 5. 岡山の民家・鶴藤鹿忠
- 6. 岡山の文学碑・山本遺太郎
- 7. 岡山の仏たち・脇田秀太郎
- 8. 岡山の動物・松本邦夫
- 9. 岡山の鳥・杉鮫太郎
- 10. 大原美術館・藤田慎一郎
- 11. 岡山後楽園・宗定克則・杉鮫太郎
- 12. 岡山歳時記・吉岡三平
- 13. 岡山の建築・厳津政右衛門
- (14). 瀬戸内海・緑川洋一
- 15. 岡山の民芸・外村吉之介
- (16). 吉備路・神野力
- 17. 岡山の魚・青木五郎
- 18. 岡山の昆虫・倉敷昆虫同好会
- 19. 岡山の城と城址・藤井駿・市川俊介
- (20). 岡山の果物・三宅忠一
- 21. 岡山の風物・岡山県広報協会
- 22. 吉備の女性・吉岡三平
- (23). 岡山の伝説・立石憲利
- 24. 岡山の酒・小出巌・西原礼之助
- (25). 岡山の街道・山陽新聞社
- (26). 岡山の絵画・脇田秀太郎・厳津政右衛門
- (27). 水島臨海工業地帯・平方与平
- (28). 岡山の旅・岡山県観光連盟
- 29. 蒜山高原・二若・富国・徳山
- 30. 岡山の歌謡・英玲二
- (31). 岡山の遺跡めぐり・間壁忠彦・葭子
- (32). 備前焼・小山冨士夫・藤原雄・中村昭夫
- 33. 岡山文学風土記・大岩徳二
- (34). 美作路・小山健三
- 35. 岡山の俳句・塩尻青笳・島津青沙
- 36. 岡山音楽夜話・保田太郎
- 37. 閑谷学校・厳津政右衛門・坂本一夫
- 38. 岡山の川柳・弓削川柳社
- 39. 岡山の民話・岡山民話の会
- (40). 岡山の刀剣・小林種次
- 41. 岡山の短歌・杉鮫太郎・藤原幾太
- 42. 岡山の医学・中山沃
- 43. 岡山の藺草・鈴木尚夫・中村昭夫
- (44). 岡山の人物・黒崎秀明
- (45). 岡山の駅・難波数丸
- 46. 岡山の現代詩・坂本明子
- 47. 岡山の交通・藤沢晋
- (48). 岡山の教育・秋山和夫
- (49). 備中神楽・山根堅一・坂本一夫
- 50. 岡山の民具・鶴藤鹿忠
- (51). 岡山の宗教・長光徳和
- 52. 吉備津神社・藤井駿・坂本一夫
- 53. 岡山の貨幣・原三正
- (54). 岡山の古戦場・多和和彦
- 55. 岡山の石造美術・厳津政右衛門
- (56). 岡山の方言・十河直樹
- 57. 岡山の歴史・柴田一
- 58. 岡山事物起源・吉岡三平
- (59). 高梁川・宗田克巳
- (60). 岡山の干拓・吉岡三平・進昌三
- 61. 岡山の電信電話・萩野秀
- 62. 吉備高原・宗田克巳
- 63. 岡山のおもちゃ・吉永義光
- 64. 吉井川・宗田克巳
- 65. 岡山の港・厳津政右衛門
- 66. 岡山の絵馬と扁額・脇田秀太郎
- (67). 旭川・宗田克巳
- 68. 岡山の温泉・石井猛・圓堂稔
- 69. 岡山の県政史・蓬郷巌
- 70. 岡山の道しるべ・厳津政右衛門
- 71. 岡山の笑い話・稲田浩二・和子
- 72. 美作の歌舞伎芝居・二宮朔山
- (73). 岡山の民間信仰・三浦秀宥
- (74). 岡山の奇人変人・蓬郷巌
- 75. 岡山の食習俗・鶴藤鹿忠
- 76. 岡山の明治洋風建築・中力昭
- 77. 山陽路の地理散歩・宗田克巳
- (78). 岡山の風俗・蓬郷巌
- 79. 岡山の海藻・大森長朗
- (80). 岡山の書・佐藤英夫
- 81. 岡山浮世噺・岡長平
- 82. 岡山の神社仏閣・市川俊介
- 83. 中国山地・三浦秀宥・竹内平吉郎
- (84). 岡山の島・厳津政右衛門
- 85. 岡山の山と峠・宗田克巳
- 86. 吉備の石ぶみ・井上雄風
- (87). 岡山の怪談・佐藤米司
- 88. 岡山の自然公園・山陽カメラクラブ
- 89. 岡山の漁業・西川太
- 90. 岡山の天文気象・石田五郎・佐橋謙
- 91. 岡山の郵便・萩野秀
- (92). 岡山の鉱物・沼野忠之
- 93. 岡山のふるさと村・厳津政右衛門
- 94. 岡山の経済散歩・吉永義光
- 95. 岡山の庭・山本利幸・前田勝也
- 96. 岡山の匠・浅原健
- 97. 岡山の童うたと遊び・立石憲利
- 98. 岡山の衣服・福尾美夜
- (99). 岡山の民俗・土井卓治・佐藤米司・鶴藤鹿忠
- (100). 岡山の樹木・西原礼之助・古屋野寛

101. 岡山と朝鮮・西川 宏
102. 岡山の和紙・臼井英治
103. 岡山の艶笑譚・立石憲利
104. 岡山の文学アルバム・山本遺太郎
105. 岡山の映画・松田完一
106. 岡山の石仏・巌津政右衛門
107. 岡山の橋・宗田克巳
108. 岡山のエスペラント・岡 一太
109. 岡山の狂歌・蓬郷 巌
110. 百間川・岡山の自然を守る会
111. 夢二のふるさと・真田芳夫・葛原茂樹
112. 岡山の梵鐘・川端定三郎
113. 岡山の演劇・山本遺太郎
114. 岡山話の散歩・岡 長平
115. 岡山地名考・宗田克巳
116. 岡山の戦災・野村増一
117. 岡山の町人・片山新助
118. 岡山の会陽・三浦 叶
119. 岡山の石・宗田克巳
120. 岡山の滝と渓谷・川端定三郎
121. 岡山の味風土記・岡 長平
122. 目でみる岡山の明治・巌津政右衛門
123. 岡山の散歩道 東西・佐藤米司
124. 目でみる岡山の大正・蓬郷 巌
125. 児島湾・同前峰雄
126. 岡山の庶民夜話・佐上静夫
127. 岡山の修験道の祭・川端定三郎
128. 目でみる岡山の昭和Ⅰ・蓬郷 巌
129. 岡山のふるさと雑話・佐上静夫
130. 岡山のことわざ・佐藤・次田・竹内・福尾
131. 目でみる岡山の昭和Ⅱ・蓬郷 巌
132. 瀬戸大橋・ＯＨＫ編
133. 岡山の路上観察・香川・河原
134. 岡山の相撲・二宮朔山
135. 岡山の古文献・中野美智子
136. 岡山の門・小出公大
137. 岡山の内田百閒・岡 将男
138. 岡山の彫像・蓬郷 巌
139. 岡山の名水・川端定三郎
140. 両備バス沿線・両備バス広報室
141. 岡山の明治の雑誌・片山・来田・菱川
142. 岡山の災害・蓬郷 巌
143. 岡山の看板・河原 馨
144. 由加山・原 三正
145. 岡山の祭祀遺跡・八木敏乗
146. 岡山の表町・岡山を語る会
147. 逸見東洋の世界・臼井洋輔
148. 岡山ぶらり散策・河原 馨
149. 岡山名勝負物語・久保三千雄
150. 坪田譲治の世界・善太と三平の会
151. 備前の霊場めぐり・川端定三郎
152. 藤戸・原 三正
153. 矢掛の本陣と脇本陣・武・中山・岡田・池田・柴口
154. 岡山の図書館・黒崎義博
155. 岡山の戦国時代・松本幸子
156. 岡山の資料館・河原 馨
157. カブトガニ・惣路紀通
158. 正阿弥勝義の世界・臼井洋輔
159. 木山捷平の世界・定金恒次
160. 岡山の備前ばらずし・窪田清一
161. 良寛さんと玉島・森脇正之
162. 備中の霊場めぐり・川端定三郎
163. 岡山の多層塔・小出公大
164. 六高ものがたり・小林宏行
165. 下電バス沿線・下電編集室
166. 岡山の博物館めぐり・川端定三郎
167. 岡山の民間療法(上)・鶴藤鹿忠・竹内平吉郎
168. 吉備高原都市・小出公大
169. 玉島風土記・森脇正之
170. 洋学者箕作阮甫とその一族・木村岩治
171. 夢二郷土美術館・松田基・楢原雄一
172. 岡山のダム・川端定三郎
173. 岡山の森林公園・河原 馨
174. 宇田川家のひとびと・水田楽男
175. 岡山の民間療法(下)・鶴藤鹿忠・竹内平吉郎
176. 岡山の温泉めぐり・川端定三郎
177. 阪谷朗廬の世界・山下五樹
178. 目玉の松ちゃん・尾上松之助・中村房吉
179. 吉備ものがたり(上)・市川俊介
180. 中鉄バス沿線・中鉄バス株企画部
181. 飛翔と回帰－国吉康雄の西洋と東洋・小澤善雄
182. 岡山の智頭線・河原 馨
183. 出雲街道・片山 薫
184. 備中高松城の水攻め・市川俊介
185. 美作の霊場めぐり・川端定三郎
186. 吉備ものがたり(下)・市川俊介
187. 津山の散策 ひがし・黒田 晋・竹内平吉郎
188. 倉敷福山と安養寺・前川 満
189. 鷲羽山・山本慶一・西田正憲
190. 和気清麻呂・仙田 実
191. 岡山たべもの歳時記・鶴藤鹿忠
192. 岡山の源平合戦談・市川俊介
193. 岡山の氏神様・二宮朔山
194. 岡山の乗り物・蓬郷 巌
195. 岡山・備前地域の寺・川端定三郎
196. 岡山ハイカラ建築の旅・河原 馨
197. 牛窓を歩く・前川 満
198. 岡山のレジャー地・倉敷ぶんか倶楽部
199. 斉藤真一の世界・斉藤裕重・イシイ省三
200. 巧匠 平櫛田中・原田純彦

201. 総社の散策・神野力・葛原克人・加藤信二
202. 岡山の路面電車・楢原雄一
203. 岡山ふだんの食事・鶴藤鹿忠
204. 岡山のふるさと市・倉敷ぶんか倶楽部
205. 岡山の流れ橋・渡邉隆男
206. 岡山の河川拓本散策・坂本亜紀児
207. 備前を歩く・前川満
208. 岡山言葉の地図・今石元久
209. 岡山の和菓子・太郎良裕子
210. 吉備真備の世界・中山薫
211. 柵原散策・片山薫
212. 岡山の岩石・野瀬重人・沼野忠之
213. 岡山の能・狂言・金関猛
214. 岡山の鏝絵・赤松壽郎
215. 山田方谷の世界・朝森要
216. 岡山おもしろウオッチング・おかやま路上観察学会
217. 岡山の通過儀礼・鶴藤鹿忠
218. 日生を歩く・前川満
219. 備北・美作地域の寺・川端定三郎
220. 岡山の親柱と高欄・渡邉隆男
221. 西東三鬼の世界・小見山輝
222. 岡山の花粉症・岡野・山本・三好・難波
223. 操山を歩く・谷淵陽一
224. おかやま山陽道の拓本散策・坂本亜紀児
225. 霊山熊山・仙田実
226. 岡山の正月儀礼・鶴藤鹿忠
227. 原子物理学の父 仁科芳雄・井上泉・イシイ省三
228. 赤松月船の世界・定金恒次
229. 邑久を歩く・前川満
230. 岡山の宝箱・臼井洋輔・白井隆子
231. 平賀元義を歩く・渡部秀人・竹内佑宜
232. 岡山の中学校運動場・奥田澄二
233. おかやまの桃太郎・市川俊介
234. 岡山のイコン・植田心壮
235. 神島八十八ヶ所・坂本亜紀児
236. 倉敷ぶらり散策・倉敷ぶんか倶楽部
237. 作州津山 維新事情・竹内佑宜
238. 坂田一男と素描・妹尾克己・イシイ省三
239. 岡山の作物文化誌・臼井英治
240. 児島八十八ヶ所霊場巡り・倉敷ぶんか倶楽部
241. 岡山の花ごよみ・前川満
242. 英語の達人・本田増次郎・小原孝
243. 城下町勝山ぶらり散策・橋本惣司・倉敷ぶんか倶楽部
244. 高梁の散策・朝森要
245. 薄田泣菫の世界・黒田えみ
246. 岡山の動物昔話・立石憲利・江草昭治
247. 岡山の木造校舎・河原馨
248. 玉島界隈ぶらり散策・小野敏也・倉敷ぶんか倶楽部
249. 岡山の石橋・北脇義友
250. 哲西の先覚者・加藤章三
251. 作州画人伝・竹内佑宜
252. 笠岡諸島ぶらり散策・NPO法人かさおか島づくり海社
253. 磯崎眠亀と錦莞莚・吉原睦
254. 岡山の考現学・おかやま路上観察学会
255. 「備中吹屋」を歩く・前川満
256. 上道郡沖新田・安倉清博
257. 続・岡山の作物文化誌・臼井英治
258. 土光敏夫の世界・猪木正実
259. 吉備のたたら・岡山地名研究会
260. いろはで綴るボクの子供事典・赤枝郁郎
261. 民話の里鏡野町伝説紀行・立石憲利・片田知宏
262. 笠岡界隈ぶらり散策・ぶらり笠岡友の会
263. つやま自然のふしぎ館・森本信一
264. 岡山の山野草と野生ラン・小林克己
265. 文化探検 岡山の甲冑・臼井洋輔
266. ママカリ ヒラに まったりサーラ・窪田清一
267. 岡山の駅舎・河原馨
268. 守分 十の世界・猪木正実
269. 備中売薬・土岐隆信・木下浩
270. 倉敷市立美術館・倉敷市立美術館
271. 津田永忠の新田開発の心・柴田一
272. 岡山ぶらりスケッチ紀行・網南一平・本善光
273. 倉敷美観地区歴史と民俗・吉原睦
274. 森田思軒の世界・倉敷ぶんか倶楽部
275. 三木行治の世界・猪木正実
276. 岡山路面電車各駅街歩き・倉敷ぶんか倶楽部
277. 赤磐きらり散策・高畑富子
278. 岡山民俗館一〇〇選民具・岡山民俗学会
279. 笠岡市立竹喬美術館・笠岡市立竹喬美術館
280. 岡山の夏目金之助(漱石)・横山俊之・熊代正英
281. 吉備の中山を歩く・熊代哲士・熊代建治
282. 備前刀日本刀の王者・臼井洋輔・佐藤寛介・植野哲也
283. 繊維王国おかやま今昔・猪木正実
284. 温羅伝説・中山薫
285. 現代の歌聖 清水比庵・笠岡市立竹喬美術館
286. 鴨方往来拓本散策・坂本亜紀児
287. 玉島旧柚木家ゆかりの人々・倉敷ぶんか倶楽部
288. カバヤ児童文庫の世界・岡長平
289. 野崎邸と野﨑武左衛門・猪木正実
290. 岡山の妖怪事典 妖怪編・木下浩
291. 松村緑の世界・黒田えみ
292. 吉備線各駅ぶらり散策・倉敷ぶんか倶楽部
293. 「郷原漆器」復興の歩み・高山雅之
294. 作家たちの心のふるさと・加藤章三
295. 異彩画家 河原修平の世界・倉敷ぶんか倶楽部
296. 岡山の妖怪事典 鬼・天狗・河童編・木下浩
297. 歴史・伝承・文学・アート 岡山の魅力再発見・柳生尚志
298. 井原石造物歴史散策・大島千鶴
299. 岡山の銀行 合併・淘汰の150年・猪木正実
300. 吹屋ベンガラ・臼井洋輔